사춘기를 위한
어휘력 수업

차례

내 언어의 한계가
내 세계의 한계다

"금일 심심한 사과를 드리면서 사흘간 무운을 빈다."

2022년 여름, 소셜미디어에 떠돈 씁쓸한 우스갯소리다.

오늘을 뜻하는 '금일今日'을 '금요일'로, 마음을 표하는 정도가 매우 깊다는 뜻의 '심심甚深한'을 '지루한'으로, 3일을 뜻하는 '사흘'을 '4일'로, 전쟁에서 이기고 지는 운수를 뜻하는 '무운武運'을 '운이 없음'으로 사람들이 오해하는 것을 두고 만들어진 유머다.

문해력 논란은 매년 벌어지고 있다. '사흘'은 2020년에, '무운'은 2021년에, '심심한'은 2022년에 논란이 됐다. 특히 2022년의 논란은 공교롭게도 한글날과 겹치면서 관련 보도가 쏟아졌다.

어휘력이 곧 학습 능력

교사들은 교과 내용을 가르치는 것보다 교과서에 나온 낱말을 설명하기 바쁘다고 하소연한다. 금일을 금요일로, 사흘을 4일로, 존귀(지위나 신분이 매우 높고 귀함)를 '매우 귀엽다'로, 고지식(융통성이 없음)을 '높은 지식'으로, 대관절을 '큰 절'로 생각하는 학생들에게 충실한 수업이 가능할까?

어른들은 요즘 세대가 어휘력이 빈약하다고 혀를 찬다. 어휘력 전반에 걸쳐 문제가 있지만, 특히 한자 어휘력은 심각한 수준이다. "금일 심심한 사과를 드리면서 사흘간 무운을 빈다"에서 논란이 된 어휘 3개가 한자어다. 존귀나 고지식, 대관절 역시 한자에 대한 오해와 관련된다. 고지식, 대관절 같은 고유어를 고高, 대大 자가 포함된 한자어로 생각한 것이다. 아는 한자가 많지 않고 그나마 아는 한자도 아무 데나 끼워 맞추면서 빚어진 촌극이다.

어휘력, 특히 한자에 대한 소양 부족은 웃어넘기기 힘든 상황이다. 고유어와 한자어, 외래어, 신조어 등이 어우러져 우리말을 이룬다. 국립국어원에 따르면 〈표준국어대사전〉에 등재된 44만여 개의 표제어 가운데 한자어가 57퍼센트를 차지한다고 한다. 한자어와 고유어가 결합한 복합어까지 더하면 한자어의 비율은 더 올라간다. 그런데 2000년 제7차 교육과정 이후 한문은 교과목에서 빠졌고, 초등학교 교과서에서 한자 병기도 사라졌다.

학생들은 긴 글을 어려워한다. 영상과 이미지에 익숙해져 버린 결과다. 'TL;DR'라는 말이 있다. 'too long; didn't read'를 줄인 말로 '너무 길어서 읽지 않았다'라는 뜻이다. 영상과 이미지에 길든 젊은 세대는 길고 복잡한 문장보다 짧고 단순한 문장을 선호한다. 다른 한편으로 어휘력 부족도 긴 글 읽기를 어렵게 한다. 모르는 어휘가 많으면 글을 읽어도 이해가 안 된다. 흥미를 잃을 수밖에 없다. 긴 글도 못 읽는데 책을 끝까지 읽을 수 있겠나?

어휘력이 풍부하면 그만큼 학습에 유리하다. 어휘력과 이를 바탕으로 한 읽기 능력(문해력)은 국어 과목에만 필요한 것이 아니다. 모든 과목에서 중요하다. 영어, 사회, 역사 등은 물론이고 수학, 과학에도 영향을 미친다. 문장형 수학 문제, 과학의 개념 설명 등은 읽기 능력이 뒷받침되지 않으면 이해할 수 없다. 읽기 능력이 부족하면 공부 자체가 쉽지 않다. 학습 전반의 어려움과 부진은 말할 필요조차 없다.

글 읽기뿐만 아니라 글쓰기에서도 어휘력은 중요하다. 어휘력이 좋아야 글을 잘 쓸 수 있다. 글쓰기는 어휘로 하는 것이니까 너무도 당연한 얘기다. 책도 안 읽고 어휘력도 빈약한

데 글을 잘 쓸 수 있을까? 벽돌 없이 멋진 집을 지을 수는 없다. 아무리 그림 실력이 좋아도 삼색 볼펜만으로는 풍부한 색감을 표현하기 어렵다. 최소한 12색 색연필은 있어야 한다. 24색, 50색 색연필이면 더 좋다. 우리의 어휘력은 몇 가지 색깔의 색연필일까?

언어는 생각의 집

아이는 단어를 익히며 세상을 배운다. 아는 단어가 늘어날수록 아이의 세계도 커진다. 철학자 니체는 "꿀벌은 밀랍으로 집을 짓지만, 인간은 개념으로 집을 짓는다"라고 했다. 즉 우리는 말로 삶을 꾸리고 세계를 짓는다. 내가 배운 말로 세상을 이해하고 살아간다. 세상은 자기가 가진 말의 넓이와 깊이와 높이만큼만 해석되고 이해된다. 그래서 내가 가진 말, 내가 쓰는 말이 나의 삶이고 나의 세계다. 또 그것이 내 세계의 한계다. 철학자 비트겐슈타인은 "내 언어 능력의 한계가 곧 내 세계의 한계다"라고 했다.

이제는 바야흐로 정보 홍수의 시대다. "홍수가 나면 물이 귀하다"는 말이 있다. 사방에 흙탕물이 흘러넘치면 마실 물을 찾기 어려운 법이다. 정보가 넘치는 시대에 믿을 수 있는 정보는 도리어 줄어든 듯하다. 사람들은 가짜 뉴스와 허위 정보 속에서 허우적댄다. 매일 엄청난 양의 정보가 쏟아지다 보니 다들 대충 읽거나 훑어보는 것에 익숙한 탓이다. 정보를 이해하고 종합하며 활용할 줄 아는 능력이 필요하다. 그 바탕에 읽기 능력이 있고, 읽기 능력의 토대는 어휘력이다.

유네스코UNESCO, 유럽연합EU 등은 문해력을 매우 중요한 기초 능력으로 여긴다. 사회경제적 발전은 물론이고 민주주의 발전을 위해서는 문해력이 뒷받침돼야 한다는 것이다. 문해력이 낮을수록 정치에 무관심한 반면에 문해력이 높을수록 관심도가 올라간다. 세계적인 인지신경학자 매리언 울프도 《다시, 책으로》에서 문해력이 떨어지면 민주주의의 위기가 발생할 수 있다고 경고했다.

민주주의는 비판적 사고와 성찰을 통해 유지된다. 사회 구성원들이 비판적으로 생각할 줄 알아야 민주주의가 제대로 작동한다. 그런데 문해력이 떨어지면 비판적 사고와 성찰 능력도 떨어지기 마련이다. 가짜 뉴스와 허위 정보에 쉽게 속아 넘어가는 것도 그 때문이다. 쓰레기 정보가 거세게 밀려드는데, 우리가 탄 언어의 뗏목은 헐겁고 빈약하다. 그 틈을 '거짓 언어'가 파고들고 있다.

조지 오웰의 《1984》에서 독재 권력은 시민의 행동과 생각을 통제하기 위해 새로운 말 newspeak을 만든다.《1984》의 새로운 말, 즉 신어新語에는 독재 체제를 비판하는 어휘가 존재하지 않는다. 가령 'free'라는 낱말은 있지만 '설탕이 없다 sugar free'처럼 쓰일 뿐, '정치적 자유 political freedom' 같은 표현은 없다. 오웰은 개인이 어떤 생각을 하더라도 이를 표현할 단어가 없으면 나중에는 생각 자체를 못한다고 경고했다. 단어가 사라지면 그 단어가 담고 있는 세계도 사라진다. 이것이 이 책을 쓴 이유다. 부디 우리 학생들이 어휘력을 길러 자신의 세계를 만들고 키워나가기를 바란다. 이 책이 대장간이 되었으면 좋겠다. 말과 삶을 버리는 '언어의 대장간'에서 말을 배우고 삶을 다졌으면 한다.

1장

사춘기의 나

가끔 다 망한 것 같은 느낌
창피

창피, 철면피, 파렴치한, 악한, 치한, 괴한, 흉한,
무뢰한, 문외한, 냉혈한, 호색한

'앗! 망했다.'

나도 모르게 그 말이 입 밖으로 튀어나오는 순간이 있다.

맞은편 횡단보도에 평소 좋아하던 여학생이 서 있다. 그 학생은 나를 모른다. 나만 혼자 몰래 좋아하고 있다.

파란불이 켜지자 반갑고 설레는 마음에 발걸음이 빨라진다. 그 친구 옆을 스칠 때 기분 좋은 비누냄새가 바람결에 실려 코끝을 간질인다.

그런데 그 순간, 무릎이 꺾이면서 몸이 크게 휘청였다. 좌우로 크게 몸을 흔들면서 넘어질 듯 말 듯 춤추는 것처럼 허둥대다가 결국 넘어졌다.

'그 여학생이 날 봤을까? 봤다면 어떻게 생각할까?' 이럴 때 정말 쥐구멍에라도 들어가고 싶은 심정이다.

창피하게 만드는 사람들이 있다고?

우리는 이럴 때를 창피한 순간이라고 한다. 체면이 깎이는 일을 당해서 부끄러울 때 '창피하다'고 한다. 창피는 한자어다. 창猖은 '미쳐 날뛰다'라는 뜻을 가진 글자고, 피披는 '풀다' '헤치다'라는 뜻을 가진 글자다. 그러니까 창피는 미쳐 날뛰다 옷이 풀어 헤쳐져 남이 보기에 부끄럽다는 것에서 유래한 단어다.

창피한 일을 하고도 창피함을 느끼지 않는 사람이 있다. 이런 사람을 철면피라고 한다. 염치가 없고 매우 뻔뻔한 사람이다. 창피와 철면피에는 모두 '피'라는 글자가 들어 있지만, 서로 뜻이 전혀 다른 글자다.

철면피는 철鐵과 면피面皮가 합쳐진 낱말이다. 면피는 얼굴 껍질의 살가죽을 뜻한다. 그러니까 철면피는 쇠로 이루어진 낯가죽이다. 얼굴이 쇠로 돼 있으니 얼마나 두꺼울까? 얼굴이 두꺼운 만큼 떳떳하지 못한 짓을 해도 창피함을 모르고, 부끄러운 일을 당해도 빨개질 일이 없다.

그래서 부끄러움을 모르고 염치가 없는 사람을 가리켜 '얼굴이 두껍다' '얼굴 가죽이 두껍다' '낯이 두껍다' '낯가죽이 두껍다' '면피가 두껍다'라고 말한다. 모두 다 같은 의미다.

철면피와 비슷한 뜻을 지닌 단어로 '파렴치한'이 있다. 파럼치한은 파破와 염치廉恥와 한漢이 합쳐진 단어다. 염치에서 염廉은 '살피다'라는 뜻이고 치恥는 '부끄러워하다'라는 뜻이다. 부끄러움을 살피어 아는 마음이 염치다. '염치도 모르는 인간'처럼 사용한다. 그런데 염치 앞에 깨뜨릴 파破가 있다. 염치를 깨뜨린다? 염치를 깨뜨릴 순 없고, 염치를 모른다는 것이다. 그러니까 파렴치는 염치를 알지 못하고 뻔뻔스럽다는 뜻이다. 파렴치 뒤에 붙은 한漢은 사람을 가리킨다. 결국 파렴치한은 창피한 일을 하고도 체면이나 부끄러움을 모르는 사람을 의미한다.

'악한'은 말 그대로 나쁜 사람

사람을 뜻하는 한漢이라는 글자가 들어간 말에는 악한, 치한, 괴한, 흉한, 무뢰한, 문외한, 냉혈한, 호색한 등이 있다. 전부 사람을 가리킨다.

악한, 치한, 괴한, 흉한 등은 나쁜 사람이다. 악한惡漢은 악독한 짓을 벌이는 사람이다. 악인, 악당이라고 한다. 치한癡漢은 여자를 희롱하거나 괴롭게 만드는 남자를 뜻한다. 괴한怪漢은 움직임 또는 차림새가 수상한 사람이다. '무장 괴한' 같은 표현이 있다. 흉한兇漢은 흉악한 짓을 저지르는 사람이다.

무뢰한無賴漢도 나쁜 사람이긴 마찬가지다. 일정하게 하는 일 없이 떠돌아다니며 못된 짓을 하는 사람이 무뢰한이다. 무뢰한과 혼동할 수 있는 말로 문외한이 있다. 둘은 전혀 다른 단어다. 문외門外는 문의 바깥쪽을 의미한다. 전문專門 분야 밖으로 이해할 수도 있다. 문외한은 어떤 일에 전문적인 지식이 부족하거나 없는 사람을 가리킨다.

냉혈冷血은 차가운 피다. 사람의 성질이나 됨됨이가 인정이 없고 냉정할 때 냉혈이라고 한다. 냉혈한은 남을 동정하는 따뜻한 마음 등이 부족하고 냉혹한 사람이다. 한편 호색한好色漢은 여자를 밝히는 남자다.

실수는 창피한 게 아냐

길을 걷다 무릎이 꺾이면 다른 사람이 그 모습을 봤을까 신경이 쓰인다. 주변 사람들이 나를 보고 비웃을지 모른다고 생각하면서 말이다.

심리학에서는 청소년기의 특징 중 하나로 '상상 속 청중'을 들어 이야기한다. 상상 속 청중은 무대 위의 배우처럼 주변 사람들을 의식하는 행동 특징을 설명할 때 쓰는 말이다. 사춘기에는 상상 속 청중, 즉 '실제로 존재하지 않는 관중'을 가정하고 주변 사람들이 언제나 자기를 주시하고 있다고 생각한다. 우리가 외모의 세세한 부분을 신경쓰거나 사소한 실수를 지나치게 창피해하는 것도 바로 그 때문이다.

길에서 누군가 잠시 휘청이더라도 사람들은 신경쓰지 않는다. 보지 못했을 가능성이 크고, 설사 봤다 해도 금세 잊기 마련이다. 사람들은 자기 자신 외에는 별로 관심이 없다. 낯선 타인에게 관심을 둔다 해도 기껏해야 잠깐에 불과하다.

우리는 오랫동안 헛된 수고를 한 건 아닐까? 그런 관중을 의식하느라 많은 것을 허비하면서 살고 있는지 모른다. 외모를 꾸미는 데 들인 시간과 노력, 또 관중을 의식하면서 쏟은 정신적 에너지… 이 모든 게 불필요한 소모가 아닐 수 없다.

길에서 무릎이 꺾이는 일은 창피할 일이 전혀 아니다. 그른 일, 잘못된 일, 옳지 못한 일을 하고도 자신이 한 일을 반성할 줄 모르는 사람이 진짜 창피한 사람이다.

좋아하는 여학생 앞에서 넘어졌다고 해서 부끄러워하지 말고, 당당히 걸어가자. 그 여학생은 봤더라도 웃어넘길 것이다. 그건 비웃음이 아니다. 그러니 창피해하지 말자. 남을 괴롭히고 남에게 피해를 주는 게 진짜 창피한 일이라는 사실을 기억하자.

누가 뚱뚱한 게 죄래?
난장판

난장판, 아수라장, 야단법석, 이판사판, 다반사

공부, 연애, 친구 관계, 가족 관계 등 모든 게 엉망일 때가 있다. 관계에서 상처받고 손대는 일마다 실패하고…. 모든 것이 엉망진창인 내 인생. 한마디로 난장판이고 아수라장이다. 나는 왜 잘되는 일이 하나도 없을까? 나는 왜 이렇게 못나고 부족할까? 내 성격은 왜 이리도 안 좋은 걸까? 내 몸매는 왜 이럴까? 내 얼굴은 어쩜 이리도 못생겼을까? 인생이 한없이 우울한 날, 나의 못난 부분만 더욱 도드라져 보인다.

우리 머릿속에는 우리를 옭아매는 사슬이 있다. 바로 자기 자신에 대한 부정적인 자기규정이다. '나는 원래…' '내 주제에…' '나 같은 게…'와 같은 자기규정은 마음속에 깊이 박혀 태도와 행동에 영향을 미친다. 세상에서 가장 끔찍한 덫은 자신이 친 덫이고, 가장 잔혹한 감옥은 내면의 감옥이다.《죽음의 수용소에서》를 쓴 정신과 의사 빅터 프랭클은 "사람들은 저마다 자기 안에 수용소를 갖고 있다"라고 말했다.

시험장이 난장판일세!

옛날 선비들에게 과거시험은 관리가 되는 주요 통로였다. 과거시험이 있으면 전국에서 수많은 선비가 시험장으로 몰려들었다. 시험장은 밀치고 떠들어대는 사람들로 인해 뒤죽박죽되기 일쑤였다. 이런 상태를 두고 '난장亂場'이라고 했다. 여기에 빗대어 '여러 사람이 함부로 떠들거나 뒤엉켜 엉망이 된 상황이나 상태'를 난장판이라고 부르게 됐다.

난장판과 비슷한 말로 아수라장이 있다. 아수라는 몸은 하나인데 얼굴이 세 개, 팔이 여섯 개인 고대 인도 신화에 등장하는 악신惡神이다. 호전적인 성품 때문에 툭하면 싸움을 벌였다. 하늘의 신인 제석천이 그런 아수라를 벌하기 위해 공격했고, 아수라의 시체가 산처럼 겹겹이 쌓였다. 여기에서 아수라장이 나왔다. 아수라장은 싸움 같은 일들로 인해 커다란 혼란에 빠진 상태를 뜻한다.

스님들의 야단법석, 이판사판

야단법석野壇法席이라는 말이 있다. 불교에서 설법(부처님 말씀)을 전하는 모임을 법회라고 한다. 보통은 사찰의 법당에서 법회를 여는데, 장소가 좁아 많은 사람이 들어갈 수 없는 경우 넓은 야외[野]에 단[壇]을 펴고 설법[法]을 전하는 자리[席]를 마련했다. 즉 여러 사람이 모여 부산하고 시끄러운 야외 법회를 가리키는 말이 '야단법석'이다. 이후 야단법석은 많은 사람이 모여들어 떠들썩하고 부산스러운 상황을 비유하는 말이 됐다. '야단나다' '법석을 떨다' 등 '야단'과 '법석'을 떼어 따로 쓰기도 한다.

이판사판도 불교에서 왔다. '사판'의 '사'를 '죽을 사死'로 잘못 알고 '이판사판, 죽을 판' 등으로 쓰는 경우가 있다. 하지만 원래 표기는 '이판사판理判事判'이다. 여기서 '이판'은 수행에 전념하는 스님, '사판'은 절의 재물과 사무를 담당하는 스님을 가리킨다. 따라서 '이판사판'이라고 하면 '모든 스님'을 의미하는 말이 된다. 이판사판은 막다른 궁지에 몰려서 어쩔 수 없을 때 '될 대로 되라'는 식의 표현이다. 이판과 사판의 갈등에서 온 것으로 보인다.

다반사도 불교에서 온 말이다. '다반사' 역시 대부분의 경우 '다'를 '많을 다多'로 오해해 '많은 일' 등으로 잘못 생각하는 경우가 많다. 하지만 다반사는 한자로 '茶飯事'이다. '차 마시고 밥 먹는 일'을 뜻한다. 차를 마시거나 식사를 하는 것과 같은 예삿일, 곧 흔한 일을 가리킨다. 절에서 차를 자주 마시는 모습을 떠올리면 뜻을 이해하기가 한결 쉬울 것이다.

그 외에도 건달, 악착, 나락, 찰나, 영겁, 화두, 무진장, 아귀(아귀다툼), 아비규환 등 많은 단어가 불교에서 유래했다.

믿는 만큼 달라지는 나!

애니메이션 〈치킨런〉(2000)에서 주인공 암탉은 양계장의 닭들에게 자유를 찾아 탈출하자고 제안한다. 다른 닭들의 반응은 시큰둥하다. 도망치다 잡히면 통닭구이가 될 텐데, 주인이 주는 사료나 받아먹으면서 살면 되지 뭐하러 목숨을 걸고 탈출하느냐고 반문한다. 그러자 주인공은 닭들에게 이렇게 외친다.

"당신들을 가로막는 장벽이 뭔지 아세요? 양계장의 울타리가 아니라 바로 당신들 머릿속에 쳐진 울타리입니다."

삶을 가로막는 장벽은 외부에 있지 않다. 바로 우리 안에 있다.

우리에게는 객관적 사실보다는 주관적 생각(믿음)이 중요하다. 정신분석가 이무석은 《나를 사랑하게 하는 자존감》에서 열등감은 객관적인 조건이 아니라 관점의 문제라고 잘라 말한다. 이무석은 실제적 현실actual reality과 심리적 현실psychic reality을 구분한다. 몸이 뚱뚱하다는 사실은 실제적 현실이다. '내 몸이 뚱뚱하기 때문에 사람들이 나쁘게 볼 거야'라는 생각(믿음)은 심리적 현실이다. 실제적 현실보다 심리적 현실이 더 중요할지 모른다. 우리가 심리적 현실에 갇혀 살기 때문이다. 남들이 아무리 아니라 해도, 스스로 믿는 것이 진짜가 된다.

사람들은 외모가 행복에 많은 영향을 미친다고 생각하지만, 꼭 그렇지는 않다. 여러 연구에 따르면 외모 자체보다 자기 외모에 대한 스스로의 생각이 행복에 큰 영향을 준다. '사실의 힘'보다 '믿음의 힘'이 더 크다. 그런 관점에서 객관적으로 존재하는 나는 중요하지 않다. 내가 나를 어떻게 생각하느냐가 중요할 뿐이다. 나는 누구인가? '내가 생각하는 나'가 나다. 니체는 "사실은 없고 해석만 있다"라고 말했다. 사실은 없다. 해석과 생각과 믿음이 있을 따름이다.

우월한데도 열등감에 빠져 살 수 있고, 열등한데도 자존감이 남다를 수 있다. 아무리 잘난 것이 많아도 자기 연민과 우울에 빠지는 사람이 있고, 그다지 내세울 것이 없어도 당차고 당당한 사람이 있다. 부정적으로 여기는 것도, 긍정적으로 여기는 것도 최종 결정권은 자기에게 있다.

전과 다르게 살고 싶다면, 먼저 전과 다르게 자신을 규정해야 한다. 자기 자신에 대한 믿음이 바뀌면 태도와 행동도 따라서 변한다. 스스로 못났다고 여기면 못난 사람이 된다. 스스로 가치 있다고 믿고 행동할 때 누가 뭐래도 가치 있는 사람이 될 수 있다.

절망에서 허우적거릴 시간이 없다
낭만

낭만, 망토, 고무, 피망, 깡패, 깡통, 함수, 기하, 구라파,
기독교, 유태인, 임파선, 밀월여행, 청사진, 마천루, 은막

이성 친구가 갑자기 헤어지자고 한다. 실연의 상처로 가슴이 아프다. 상처傷處에서 처處는 장소이다. 다쳐서 부상을 입은 자리, 피해를 당한 흔적이다. 몸에 생긴 상처가 자국을 남기듯, 마음에 생긴 상처도 자취를 남긴다. 때때로 그 흔적에 마음이 무너지고 멈춘다. 아픔과 상처가 없는 사람은 없다. 누구나 하나쯤 지니고 있다. 삶에도 마음에도 관계에도 누구나 남모르는 아픔과 상처가 있어 가슴앓이를 한다.

그런데 엄마는 그것도 낭만이란다. 어떻게 상처가 낭만일 수 있을까? 영화배우 찰리 채플린은 "인생은 가까이서 보면 비극이지만 멀리서 보면 희극이다"라고 했다. 지금 당장은 아프고 고통스럽지만, 먼 훗날 돌아보면 추억에 지나지 않는다. 그래서 상처조차 낭만일 수 있는 것이다. 소설가 스콧 피츠제

럴드는 "한 번 실패와 영원한 실패를 혼동하지 마라"라고 말했다. 한 번의 실연으로 삶은 끝나지 않는다. 그 어떠한 실패로도 인생은 무너지지 않는다. 절망 속에서 허우적거릴 이유가 없다.

우리말이 아니었어?

낭만은 roman 로망의 음차다. 음차란 어떤 언어의 소리를 그 언어에서 쓰지 않는 다른 문자로 적어서 나타내는 일이다. romantic 로맨틱의 음차는 '낭만적'이다. 참고로 접사 '-적的'은 일본에서 영어의 어미 '-tic'을 음차하면서 생겨났다.

외국어를 음차한 표현들 중에는 의외의 말들이 있다. 수학의 함수는 function 펑션을, 기하는 geometry 지오메트리를 음차한 말이다. 구라파는 europe 유럽을, 기독교(그리스도교)는 christ 크리스트를 음차한 표현이다. 유태인猶太人의 유태는 Judea 유대에서, '임파선이 부었다'고 할 때 임파선은 림프선('림프샘'의 전 용어)에서 왔다.

발음을 한자로 음역하지 않고 의미를 번역한 말들도 있다. 신혼여행을 뜻하는 '밀월여행'은 honeymoon 허니문을, 푸른색 설계도인 청사진은 blueprint 블루프린트를, 하늘을 찌를 것

26

처럼 높이 솟은 마천루는 skyscraper 스카이스크래퍼를 번역한 단어다. '은막의 스타'의 '은막'도 외국어를 번역한 표현이다. 옛날에는 비단이나 촘촘하게 짠 직물에 은가루를 뿌려 극장의 영사막으로 사용했다. 이 영사막을 silver screen 실버 스크린이라 부른다. 우리말로 옮기면 '은막銀幕'이 된다. 영화계를 비유적으로 표현하는 말이기도 하다.

순우리말이라고 생각했는데, 실제로는 외래어인 경우가 있다. 많이 알려진 사례는 '빵'이다. 순우리말 같지만 포르투갈어 '팡데로Pão-de-ló'에서 온 외래어다. 18세기 일본인들은 '팡데로'를 '팡パン'으로 읽었는데, 일제강점기를 거치며 우리식 발음인 빵으로 바뀐 것이다. 빵 외에도 고무(프랑스어), 가방(네덜란드어), 담배(포르투갈어), 구두(일본어), 냄비(일본어), 망토(프랑스어), 피망(프랑스어) 등이 외래어다.

외래어와 한국어가 합쳐진 복합형 신조어로는 깡통과 깡패가 있다. 깡통은 영어 '캔can'과 한자 '통筒'이 결합한 단어다. can을 '캔'이 아닌 '깡'으로 발음하는 것은 can의 일본식 발음인 'かん'을 취했기 때문이다. 깡패는 범죄 조직을 뜻하는 영어 갱gang과 한자 패牌로 구성된 단어다.

갱gang과 패牌는 모두 '패거리'라는 뜻이다. 즉 깡패는 발음은 다르나 동일한 의미를 지닌 단어들이 합쳐진 동의 중복어다. 동의 중복어 중에는 같은 뜻의 고유어가 결합된 뺨따귀, 목덜미, 사내놈 등도 있고 우리말과 한자어가 합쳐진 속내-內, 족발足-, 담장-墻 등도 있다.

상처는 별이 된다

어떤 사람이 계곡에 정자를 지었다. 정자에 누워 흐르는 물소리를 들으니 무척 아름다웠다. 그런데 문득 보니 물길 한가운데 커다란 돌덩이 하나가 물살을 막아서고 있는 게 아닌가.

"옳지, 저 돌을 치우면 물소리가 더 맑아지겠구나!"

그는 바지를 걷고 계곡물에 들어가 끙끙거리며 돌덩이를 치웠다. 그 뒤로 계곡물은 아름다운 소리를 잃어버리고 말았다고 한다.

내 인생의 커다란 걸림돌 같은 장애물을 치워버리고 싶은가? 상처를 없애려고 일부러 발버둥치지 않아도 된다. 먼 훗날 인생이 아름답게 빛나는 것은 그 돌덩이 덕분일지도 모른다. '상처scar는 별star이 된다'라는 말이 있다. 상처 많은 진주조개일수록 더 아름다운 진주를 품는다. 진주조개가 아린 상처를 영롱한 진주로 빚어내듯이 상처는 빛나는 훈장이 될 수 있다.

동화 작가 안데르센은 어린 시절의 역경이 축복이었다고 회고한 바 있다. 안데르센은 집안 사정이 어려워 초등학교를 다니지 못했고, 알코올의존자인 아버지에게 학대를 당하기도 했다. 훗날 작가로 명성을 얻게 된 안데르센은 이렇게 말했다.

"생각해보니 나의 역경은 정말 축복이었습니다. 가난했기에 《성냥팔이 소녀》를 쓸 수 있었고, 못생겼다고 놀림을 받았기에 《미운 오리 새끼》를 쓸 수 있었습니다."

빛나는 별들은 어둠 속에서 반짝인다. 빛을 내기 위해서는 어둠을 통과해야 한다. 짙은 어둠이 있기에 오늘의 아침에 감사할 수 있다.

물론 어두운 상처가 밝은 별이 되려면 상처를 직시하는 용기가 필요하다. 아픈 상처를 외면하지 않을 때 그것은 성장의 자양분이 된다. 왜 아픈지, 지금의 상처가 자기 인생에서 어떤 의미가 있는지, 그 상처를 통해 무엇을 깨닫고 배울지, 자기 삶을 더 낫게 가꾸기 위해 어떤 노력을 해야 할지를 끊임없이 묻고 마음에 새기면 분명 무언가 달라질 것이다.

욱할 때 나타나는 내 진짜 주인님
촉각

촉각, 촌, 치, 척, 자, 월척, 지척, 장, 길, 피트

〈인사이드 아웃〉(2015)의 주인공은 소녀 라일리와 그녀의 머릿속에 있는 감정들이다. 기쁨, 슬픔, 소심, 까칠, 버럭 등 다섯 감정이 다섯 캐릭터로 등장한다. 〈인사이드 아웃〉의 피트 닥터 감독은 한 매체와의 인터뷰에서 사춘기를 겪는 딸이 '대체 무슨 생각을 할까?'를 궁금해하다가 영화를 구상했다고 밝혔다. 사춘기의 감정 기복은 크다. 특히 갑자기 욱하는 화는 종잡기 어렵다. 촉각을 다투듯이 갑자기 돌변하는 감정은 사람을 당황하게 만든다.

한번 내지른 화는 거두어들이기 어렵다. '아차' 하는 후회가 들어도, 목소리는 더욱 커질 뿐이다. 화는 내리막을 굴러가는 돌과 비슷해서, 한번 화를 내기 시작하면 좀처럼 통제가 안 된다. 공연히 화낸다고 비난받을까 두려워서 더 심하게 분

노를 표출하기도 한다. 내리막을 굴러가는 돌은 스스로 굴러가는 것이 아니다. 내리막길이 돌을 굴린다. 화도 마찬가지다. 마구 화를 내는 것은 자기가 아니다. 그때 나의 주인은 '내'가 아니라 '화'다.

고대 그리스의 철학자 소크라테스는 잘못한 노예에게 이렇게 말했다.

"나는 지금 자네를 벌주지 않겠네. 왜냐하면 나는 지금 무척 화가 났거든."

벌은 나중에 줘도 된다. 그러나 화난 상태로 내린 처벌은 되돌릴 수 없다. 분노에 사로잡힌 마음은 조절을 모른다. 거침없이 내지른다. 상대를 벌할 수만 있다면 설사 내가 이성을 잃어도 개의치 않는다. 화내서 문제가 해결된다면 화난 감정을 표현해도 되지만, 화는 결코 문제를 해결하지 못한다. 오히려 문제를 더 악화시킬 뿐이다.

화를 참기 위해 필요한 시간

'촌각을 다투다'라는 말에서 '촌각寸刻'은 뭘까? 아주 짧은 시간을 뜻한다. 옛사람들은 하루를 100각으로 나눴다. 그러니까 1각은 14분 24초에 해당한다. 촌각은 1각의 10분의 1

에 해당한다.

원래 촌寸은 길이의 단위다. 손가락 한 마디를 촌이라 한다. 1촌은 한 자의 10분의 1이다. 한 자는 30.3센티미터이므로 1촌은 대략 3.03센티미터다. '치'도 '촌'과 같은 단위다. '세 치 혀가 사람 잡는다'의 '세 치 혀'는 약 9센티미터의 혀를 뜻한다.

촌과 치보다 큰 단위로 '척尺'이 있다. 촌·치보다 열 배 더 큰 단위로 '자'와 같이 30.3센티미터에 해당한다. 낚시할 때 쓰는 '월척越尺'은 한 자가 넘는 물고기를 뜻하는 것으로, 즉 잡은 물고기가 30센티미터가 넘는다는 의미다.

지척咫尺이라는 말이 있다. '지척에 두고 찾았다'처럼 '매우 가까운 거리'를 가리킬 때 쓰는 말이다. '지'는 여덟 치(약 24센티미터)이고 '척'은 한 자(약 30센티미터)다. 그러니까 지척은 대략 24~30센티미터 정도의 거리를 가리킨다. 이렇게 짧은 길이여서 '아주 가까이 있는 거리'를 뜻하는 말이 됐다. 비슷한 의미로 '엎어지면 코 닿을 데'라는 속담이 있다.

억장億丈이라는 말도 있다. 억億은 만萬의 만 배로, 매우 많거나 크다는 의미로 쓰인다. '억겁' '억만 번' 등이 그 예다. 길이 단위인 장丈은 열 자(약 3미터)에 해당한다. '한 장'은 여덟 자 또는 열 자를 뜻하는 '한 길'을 이르기도 한다. '열 길 물속은 알아도 한 길 사람 속은 모른다'라는 속담에도 '한 길'이 들어 있다. 정리하자면 촌·치 〈 자·척 〈 장·길 순서이며, 촌·치가 약 3센티미터이고 뒤로 갈수록 크기가 열 배씩 커진다.

'촌'처럼 영어에서도 신체를 길이 단위로 쓰는 사례가 있다. 바로 피트feet다. 영국이나 미국에서는 길이 단위로 피트를 쓴다. feet이 foot의 복수형인 것에서 알 수 있듯이, 피트는 발바닥 크기에서 왔다. 영국의 헨리 1세는 자신의 발뒤꿈치부터 엄지발가락 끝까지 길이를 재서 1피트의 기준으로 삼았다. 1피트는 30.48센티미터다. 야드yard 역시 헨리 1세의 신체 길이에서 나왔다. 헨리 1세의 코끝에서 엄지손가락 끝까지 길이가 91.44센티미터여서 1야드가 됐다.

도대체 화는 왜 생기는 걸까?

화는 타인과의 관계에서 발생한다. 화에는 늘 대상이 존재하기 때문에, 관계가 없다면 화도 없다. 화나게 하는 대상은 대개 사람이다. 분노를 느낄 때 우리는 어떤 사건이나 사람이 그 감정을 불러일으켰다고 생각한다. 하지만 이는 착각일 수 있다.

내가 호수에 작은 배를 띄워놓고 평화로운 시간을 보내

고 있다고 가정해보자. 그런데 갑자기 한 배가 쿵 하고 내 배를 뒤에서 박았다. 배가 몹시 흔들리면서 내 몸이 휘청거린다. 하마터면 물에 빠질 뻔했다. 물에 빠져 낭패를 보거나 다칠 수도 있었다는 생각에 화가 치민다. 누군가 배를 잘못 저어 와 부딪혔다고 생각하고 잔뜩 인상을 쓰며 뒤를 돌아본다. 그런데 이게 무슨 일인가. 그 배에는 아무도 타고 있지 않다. 빈 배가 바람결에 밀려와 부딪힌 것이다. 그 순간 화가 눈 녹듯이 풀린다.

어떤 사건이 화나는 일이 되려면 반드시 '해석'이 필요하다. 분노나 짜증은 외부적 사건에서 저절로 생겨나는 것이 아니다. 그 사건에 대한 순간적인 해석이 분노를 일으킨다. 앞의 사례에도 '누가 내 배를 들이받았어. 그 사람은 평화로운 내 시간을 방해했어. 그 사람은 분명 잘못했고 그러니 내가 화를 내는 건 당연해'와 같은 해석이 있었다.

석가모니와 제자가 어느 마을을 지나갈 때 어떤 이가 석가모니에게 삿대질을 하며 욕설을 퍼부었다. 묵묵히 듣던 석가모니가 물었다.

"당신이 내게 금덩어리를 준다고 합시다. 내가 받으면 내 것이 되지만, 받지 않으면 누구 것이 됩니까?"

"그야 당연히 내 것이 되지요."

석가모니가 빙그레 웃었다.

"상대방이 안 받으면 그냥 자기 것이 되고 말죠. 당신은 나한테 욕을 했지만, 나는 한 번도 그 욕을 받아들이지 않았습니다. 그럼 지금까지 당신이 한 욕은 누구 것인가요?"

그렇다. 화를 내기로 결심하는 것은 나 자신이다.

단점을 장점으로 만들어보자
초토화

초토화, 쑥대밭, 불모지, 모세혈관, 여지, 오지, 두메

잠시도 가만히 있지 못하는 아이가 교실에서 칭찬받기는 어렵다. 현대사회에서 '주의력 결핍 과다 행동ADHD'은 장애로 여겨진다. 그러나 밀림에서는 이야기가 달라진다. 나무와 풀이 빽빽하게 우거진 밀림, 주변은 온통 위험으로 가득하다. 끊임없이 여기저기 살피며 행동하는 사람일수록 살아남을 확률이 높다.

농경사회에서는 진득함이 미덕이자 장점이다. 거칠고 험한 땅을 농사짓기에 적합한 땅으로 만들려면 여러 해가 걸린다. 저수지와 수로를 만드는 일도 만만치 않다. 수렵·채집 시대에는 달랐다. 변화무쌍한 상황에 맞게 계속 이동하면서 사냥하고 채취하는 삶에는 꾸준함이 아니라 유연함이 중요할 수밖에 없다. 유연할수록 변화에 더 잘 적응하기 마련이다.

주의력 결핍 과다 행동이 무조건 장점이라는 말이 아니다. 우리는 수렵·채집 시대에 살고 있지 않으니, 시대가 변하기 전까지는 ADHD가 여전히 단점일 가능성이 높다. 다만 어떤 단점도 영원히 단점이라거나 오로지 단점이기만 한 것은 아니다. 단점인 줄 알았던 것이 오히려 장점이 되는 경우도 적지 않다. 상황에 따라 단점이 강점으로 작용할 수 있고, 사람에 따라 단점을 강점으로 바꿀 수도 있다.

나폴레옹은 프랑스 식민지였던 코르시카섬 출신이었다. 섬에서 귀족이었던 나폴레옹은 육군사관학교에서 코르시카섬에서 온 촌놈이라고 놀림받았다. 게다가 나폴레옹은 키도 작았다. 왜소한 체구 역시 놀림감이었다. 자존심이 강했던 나폴레옹은 이를 악물고 노력했다. 훗날 나폴레옹은 프랑스의 황제가 되었다. 영웅이 되는 데 출신과 체구가 오히려 약이 된 셈이다. 심리학자 아들러는 이를 '나폴레옹 콤플렉스Napoleon complex'라 부른다. 물론 이는 열등감이 권력에 대한 열망으로 이어지는 현상을 뜻하는 부정적 성격이 강하지만, 우리는 얼마든지 열등감을 극복하고 자신감을 향상하는 긍정적 의미로 변화시킬 수 있다.

초토화와 쑥대밭

'초토화되다'라는 말이 있다. 말 그대로 초토焦土가 된다는 뜻이다. 여기서 초토는 불에 타서 검게 된 땅이다. 불에 탄 것처럼 황폐해지고 쓸 수 없게 된 상태를 비유하기도 한다. 단점이 장점이 되기도 하는 것처럼, 초토가 무조건 나쁜 것만은 아니다. 시골에서는 논이나 밭두렁에 일부러 불을 놓기도 한다. 마른 잡초나 얕은 땅속에 있는 해충을 없애기 위해서다.

'초토화되다'를 잘못 쓸 때가 종종 있다. '며칠째 내린 비로 논밭이 초토화되었다' 같은 표현은 적절하지 않다. 초토는 화재, 폭발 등을 묘사할 때 쓰는 말이지, 물난리가 난 현장을 설명하기에는 알맞지 않다.

'쑥대밭'이라는 단어가 있다. 쑥은 번식력이 매우 강하다. 쑥이 자라기 시작한 곳은 다른 식물이 살아남기 힘들 만큼 금세 쑥 천지로 변한다. 즉 쑥으로 무성해진 밭, 쑥대밭이 된다. 그런데 쑥이 우거진 밭은 별로 볼품이 없다. 이에 어지러워진 상황 등을 비유적으로 '쑥대밭'이라 한다.

식물이 자라기 힘든 거칠고 메마른 땅을 불모지不毛地라고 부른다. 재미있게도 털 모毛가 들어 있다. '毛'는 식물의 잎·줄기·열매 등에 난 작은 털을 뜻하기도 한다. '毛'에는 '가늘다'라는 뜻도 있다. 그래서 매우 가는 혈관을 모세毛細혈관이라 부른다.

땅이 들어간 말 중에 '여지餘地'가 있다. '선택의 여지가 없다'처럼 쓴다. '여지'는 이용할 수 있는 남은 땅을 뜻하는데, 어떤 일이 발생할 가능성이나 희망을 의미하기도 한다. '오지奧地'라는 말도 있다. 깊을 오奧가 들어 있다. 사람이 모여 사는 곳에서 멀리 외떨어진 곳을 '오지'라고 한다. '오지 여행'처럼 쓴다. 순우리말 '두메'와 의미가 같다.

약점을 강점으로 만들 수 있을까?

약점을 강점으로 바꾸기란 쉽지 않다. 부단한 도전과 노력이 있어야 가능하다. 약점을 강점으로 만든 인물이 많은 사람의 존경을 받는 이유다.

성공한 기업가들 중에 난독증을 지닌 이들이 적지 않다. 난독증은 선천적인 읽기 장애다. 영국 버진그룹의 창업자 리처드 브랜슨, 스웨덴 가구회사 이케아의 창업자 잉바르 캄프라드, 미국 항공사 제트블루의 전 CEO 데이비드 닐먼, 미국 IT기업 시스코시스템스의 전 회장 존 체임버스, 미국 증권사 찰스 슈왑의 창립자 찰스 슈왑 등은 모두 난독증 환자다.

읽기 능력에 문제가 있다는 것은 성공하는 데 큰 약점이다. 우선 학업 능력에서 현저하게 불리하다. 그렇다면 난독증 환자들이 어떻게 성공한 기업가들이 되었을까? 말콤 글래드웰은 《다윗과 골리앗》에서 그 이유를 난독증 환자의 비친화성에서 찾았다. 난독증 환자들은 학교에서 열등생인 경우가 많은 관계로 대부분이 학업에 적응하지 못하고 아웃사이더로 자란다. 이러한 성향이 이들을 혁신가의 길로 이끈다. 타인의 시선에 상관없이 위험을 무릅쓰고 관습과 전통에 도전하는 것이다.

'페르시아의 흠Persian flaw'과 '영혼의 구슬soul bead'이라는 표현이 있다. 고대 페르시아의 직조공들은 아름다운 문양이 수놓아진 카펫에 일부러 흠을 하나 남겨놓았다. 오직 신만이 완벽하며, 인간은 완전하지 못한 존재라는 겸허함의 표현이다. 아마존의 어느 원주민 부족 역시 목걸이에 의도적으로 흠집난 구슬을 한 개씩 끼워넣는다. 이 구슬이 바로 '영혼의 구슬'이다. 그들은 영혼을 지닌 어떤 존재도 완벽할 수 없다고 생각한다.

어떤 단점에서든 우리는 배울 수 있다. 물은 독사가 마시면 독이 되지만, 젖소가 마시면 우유가 된다. 단점에서 배우지 못하면 단점에 지고 만다. 우리는 약점을 강점으로, 단점을 장점으로, 걸림돌을 디딤돌로 바꿀 수 있다. 자신의 단점과 약점을 부끄러워하지 말자. 정신과 전문의 정혜신 박사는 "모든 사람은 완벽하게 불완전하다"라고 했다. 자신의 부족함을 감추려는 사람은 계속 그 상태에 머물지만, 부족함을 인정하고 드러내는 사람은 언젠가 그것을 극복할 수 있다는 사실을 반드시 기억하자.

2장

....

꿈과 현실 사이에서
고민할 때

우와~ 정말 부럽다.

내가 과연 인싸가 될 수 있을까?

미래는 모르니까 **조바심** 내지 말자!

이 많은 조를 오늘 안에 다 털 수는 없지!!

콩과 보리 정도는 구분하자
숙맥

숙맥, 대자, 철부지, 바보, 팔불출

《갈매기의 꿈》이라는 작품에는 특이한 갈매기가 등장한다. "수천 년 동안 물고기 대가리를 찾아 휘젓고" 다니는 갈매기는 대부분 오로지 먹기 위해 물고기만을 쫓아다닌다. 거기에서 벗어나 더 높이 멋지게 날기 위해 비행 연습을 하는 이상한 갈매기 '조나단 리빙스턴'. 그는 하늘을 잘 나는 꿈을 쫓는 갈매기다.

인생에는 두 가지 길이 있다. 빵을 쫓는 길과 꿈을 쫓는 길. 뭘 하고 싶은지 잘 모르겠다고 말하는 학생들이 많다. 하고 싶은 게 있지만 확신이 없기도 하다. 내가 정말 원하는 게 뭘까? 내가 진짜 하고 싶은 게 뭘까? 궁금하지만 아리송하다.

열정에는 두 가지가 있다. 하고픈 마음으로 불끈거리는 열정, 냉철한 이성이 이끄는 차분한 열정. 나의 열정은 시간의 이빨을 견딜 수 있는가? 불끈거리는 열정은 끓는 냄비처럼 금세 식어버린다. 차분한 열정은 뚝배기처럼 열기가 오래 간다. 뚝배기 같은 열정이 시키는 일을 해야 한다.

밥만 먹다가는 바보가 된다

꿈과 현실, 냄비 같은 열정과 뚝배기 같은 열정을 잘 구분해야 한다. 이런 걸 못하는 사람을 숙맥이라고 부른다. 숙맥菽麥은 콩과 보리를 뜻한다. 콩과 보리라는 뜻에서 어떻게 모자라고 어리석은 사람이라는 의미가 생겼을까? 숙맥은 숙맥불변菽麥不辨에서 왔다. 콩인지 보리인지 구별하지 못할 만큼 사리 분별을 하지 못한다는 뜻이다. 숙맥불변에서 불변이 생략된 말이 숙맥이다.

콩과 보리를 구분하지 못하는 비슷한 상황으로 '낫 놓고 기역자도 모른다'라는 속담도 있다. '기역자'에서 '자'는 글자를 가리킨다. '대자로 뻗었다' 같은 표현에서 '대자'도 글자를 뜻한다. 대자의 한자어는 '大字'인데, 즉 대자는 '大'라는 글자와 같이 팔다리를 양쪽으로 크게 벌린 형태를 가리킨다.

숙맥과 비슷한 의미를 담고 있는 단어로 철부지, 바보, 팔불출 등이 있다.

철부지는 철없고 어리석은 사람을 뜻하는 말이다. 한자로 쓰면 '철不知'다. 철을 모른다는 의미다. 여기서 '철'은 절기, 계절을 뜻한다. 철부지는 사실 절부지節不知에서 왔다. 그러니까 철부지는 계절 변화를 모르고 사는 사람이다. 농경사회에서 계절 변화를 모르고 계절을 놓친다는 건 농사를 망치는 것과 같았다. 그래서 철부지가 어리석은 사람이 됐다.

'철없다'라는 말도 한다. 한여름에 겨울옷을 입거나 한겨울에 여름옷을 입고 다니면 어떨까? 사람들이 이상하게 볼 것이다. 계절이 바뀌었는데도 거기에 적응하지 못하면 철없고 철모르는 사람이 된다.

바보는 '밥'과 '-보'가 합쳐진 말이다. '밥+보'에서 'ㅂ'이 탈락했다. 즉 바보는 밥만 먹는 사람이라는 말에서 왔다. 밥만 먹고 아무것도 하지 못하는 사람이라는 의미에서, 어리석고 멍청하다는 뜻이 생겼다. 참고로 어떤 특성을 지닌 사람을 뜻하는 접사로 '-보'가 있다. 먹보, 울보, 잠보, 뚱보, 털보, 꾀보 등에서 이 '-보'가 보인다. 모두 앞말의 특징을 가진 사람들이다. '흥부와 놀부'도 원래는 흥보와 놀보에서 왔다.

팔불출은 제달을 채우지 못하고 여덟 달 만에 낳은 아이, 즉 팔삭동八朔童에서 왔다. 보통은 열 달을 다 채우고 아이가 나온다. 팔불출 역시 어리석다는 의미를 담고 있다.

46

밥이 아니라 꿈을

꿈이 아니라 밥만 먹는 삶, 빵만 좇는 삶은 바보 같은 삶이다. 뚝배기 같은 열정을 품고 꿈을 먹고 살아야 한다.

냄비 같은 열정과 뚝배기 같은 열정을 어떻게 구분할 수 있을까? 구분이 쉽지 않은데, 팁을 하나 주자면 이렇다. 어떤 일을 하고 싶은데 그러려면 그 전에 하기 싫은 일도 해야 한다. 하기 싫은 일을 견뎌낼 수 없다면 그 열정은 냄비 같은 열정이다. 어려움과 힘겨움을 느끼더라도 포기하지 않는다면 그 열정은 뚝배기 같은 열정이다.

진짜 열정은 두 겹으로 이루어져 있다. 첫 번째 껍질이 자기가 하고 싶은 일을 하려는 태도라면, 두 번째 껍질은 그 일을 하려면 겪어야 할 온갖 어려움과 힘겨움까지 기꺼이 받아들이겠다는 자세다. 만화나 애니메이션을 좋아하는 사람은 많다. 그러나 만화가로서 거쳐야 할 가난과 무명의 서러움까지 흔쾌히 짊어지기는 쉽지 않다.

20세기를 대표하는 밴드 비틀스. 처음에는 밤무대에서 노래하는 이름 없는 밴드였다. 처음 낸 음반은 크게 히트하지 못했다. 1963년 앨범 〈플리즈 플리즈 미〉가 인기를 끌기 전까지 무명 밴드일 뿐이었다. 빈센트 반 고흐는 평생 900점의 그림을 남겼지만 살아생전 판매된 작품은 딱 하나다. 아인슈타인의 경우, 학교를 다닐 때는 지진아 취급을 받았지만 이후 오랫동안 특허국 심사관으로 근무하며 자신의 이론을 발전시켰다.

우리는 특별한 재능을 능력이라고 생각한다. 그런데 진짜 중요한 능력 중 하나는 꾸준히 하는 것이다. 철학자 아리스토텔레스는 "우수함은 꾸준함"이라고 했다. 물은 100도에서 끓는다. 100도가 되기 전까진 누구도 언제 100도가 될지 모른다. 많은 사람이 100도가 되기 전에 냄비를 걷어차버린다. 괴테는 20대에 《파우스트》를 쓰기 시작해 60년에 걸쳐 완성했다. 포기하지 않고 지속하는 힘은 성공에 이르는 매우 중요한 능력이다.

냄비 같은 열정으로 가득한 삶은 그럴듯한 인생을 흉내낼 뿐이다. 그것은 진짜 내가 바라는 인생이 아니다. 자기 꿈이 있어야 한다. 진정한 삶은 자신만의 꿈을 추구할 때 시작된다. 어떤 비바람에도 뽑히지 않는 뿌리 깊은 나무와 같은.

조바심 낸다고 달라질 건 없어
조바심

조바심, 꼬투리, 실마리, 조강지처, 비지땀

감정을 뜻하는 영어 단어는 passion^{패션}이다. passion은 그리스어 pathos^{파토스}에서 왔다. pathos는 수동적인 상태인 pathētikos^{파테티코스}와 관련이 있다. 즉 감정이란 정신이 수동적으로 끌려다닌 결과다. 수동적인 상태에 놓인 정신을 잘 보여주는 것이 바로 욕심과 피곤함이다. 욕심과 피곤함은 이성을 마비시키고 의무를 저버리게 한다. 또한 사람을 조급하게 만든다. 조바심을 낸다고 달라지는 것은 없다. 조바심 때문에 자칫 일을 그르칠 수 있다.

조바심을 내게 만드는 것 중 하나는 거창한 목표다. 당장 멋진 몸매를 갖고 싶다. 20킬로그램을 감량해서 탄력 있는 몸매를 만들겠다고 생각하면 조바심이 날 수밖에 없다. 그런데 20킬로그램은 어림도 없다. 조바심이 좌절로 이어지는 이유다. 크고 거창한 목표는 쉽게 좌절에 빠뜨린다. 우선 2킬로 그램 감량부터 시작하면 목표 달성이 훨씬 쉬워진다.

목표는 필요하다. 목적지 없이 이리저리 걷다가 에베레스트산 정상에 올라설 수는 없다. 목표는 필요하지만, 실현 가능해야 한다. 무조건 큰 목표를 세우고 그것만 바라볼 것이 아니라, 작은 성취를 느끼며 목표에 다가서야 한다. 목표 지점까지의 거리가 너무 멀게 느껴지면 중간에 포기하기 쉽다. '저 앞 모퉁이까지만', 다시 '저 오르막까지만' 하면서 스스로를 다독이다 보면 정상에 도착할 수 있다. 거창하지 않더라도 현실적으로 이룰 수 있는 자잘한 목표는 내 의지를 북돋는다. 작은 성취와 성공이 쌓여 '커다란 변화'를 만든다. 거창한 목표는 잊고 지금 할 수 있는 것에 최선을 다하자.

고된 등산 중에 정상만 바라보면 포기하기 쉽다. 이제 막 등산을 시작한 사람이 에베레스트산 등반을 꿈꾸다가는 지레 포기하기 십상이다. 우선 뒷산부터 올라야 한다. 그리고 어느 정도 훈련이 되면 이제 지리산에 오르고 백두산에 오르면서 조금씩 체력을 키우고 꿈을 키워가야 한다. 하루하루를 튼실하게 가꾸며 소소한 목표를 이루어갈수록 목표는 더 크고 높은 쪽으로 영글기 마련이다.

이때 기억해야 할 점이 있다. 주변 사람을 의식하지 않는 태도다. 다른 사람을 의식하다 보면 조급해지기 마련이다. '저 사람은 저렇게 잘하는데 나는 왜 이러나?' 하는 생각이 든다. 자괴감이 무력감과 포기로 이어진다.

우리가 사용하는 말에 담긴 곡물들

'조바심'에서 '심'은 마음을 뜻하지 않는다. 조바심은 '조' 와 '바심'으로 이루어져 있다. '바심'은 '타작'을 뜻한다. '조바심'은 말 그대로 조를 타작한다는 뜻이다. 조의 이삭을 비비거나 털어서 낟알을 거두는 일이다.

그런데 조는 꼬투리가 질겨서 가뜩이나 자잘한 낟알이 잘 털어지지 않는다. 온갖 방법을 써서 비비고 문질러야 겨우 좁쌀을 얻을 수 있었다. 조바심을 할 때는 힘과 노력에 비해 마음처럼 되지 않아 초조하고 조급해지기 일쑤였다. 그래서 일이 뜻대로 되지 않을까봐 마음을 졸이고 초조할 때 '조바심하다'라고 말한다.

꼬투리는 콩과식물의 열매를 감싸고 있는 껍질을 말한다. 꽃이 지고 난 자리에 생기는 꼬투리 안에서 콩과 식물의 열매가 자란다. 껍질이라는 구체적 의미에서 확대돼 비유적으로도 많이 쓰인다. '꼬투리를 캐다'에서 꼬투리는 어떤 이야기

또는 사건의 실마리다. 실마리는 얽힌 실의 첫머리를 뜻한다. 첫머리는 일 등이 시작되는 부분을 의미하는 말로, 즉 실마리는 일이나 사건을 풀 수 있는 단서를 이야기한다.

조강지처는 '지게미와 쌀겨로 끼니를 이어가며 고생을 같이해온 아내'라는 뜻의 사자성어다. 지게미는 술을 만들 때 남은 찌꺼기를, 쌀겨는 쌀을 감싼 껍질을 가리킨다. 술 찌꺼기와 쌀겨를 먹을 만큼 형편이 어려웠다는 것으로, 즉 조강지처는 몹시 가난하고 힘들 때부터 고생을 함께 겪은 아내를 이른다.

비지땀은 비지찌개를 먹으면서 흘리는 땀일까? 비지는 두부를 만들고 남은 찌꺼기다. 두부를 만들 때 콩을 갈아 헝겊에 싸서 짜면 콩물이 흘러넘친다. 비지땀은 여기서 유래한 말로, 아주 힘든 일을 할 때 쏟아지는 땀을 의미한다.

꿈과 현실 사이에서

한 연구에 따르면 문장을 천천히 읽은 사람보다 빠르게 읽은 사람이 훨씬 더 위험한 결정을 내린다고 한다. 빠른 속도로 문장을 읽으면 생각의 속도도 빨라지고, 생각이 급해질수록 성급한 의사 결정을 내린다. 마음이 조급할수록 잘못된 결정을 내릴 가능성이 높다.

청소년들은 진로 문제 때문에 고민이 많을 것이다. 그렇지만 진로를 성급하게 정하지 않아도 된다. 모든 것을 당장 결론 낼 필요가 없다. 인생은 참으로 묘하다. 포기했던 길이 다시 보일 때도 있고, 내 길이라고 선택한 길이 내 길이 아닐 때도 있다. 한 가지 길만이 정답인 것은 아니다.

그래도 꿈과 현실 사이에서 고민스러울 때가 있다. 꿈과 현실은 꼭 양자택일의 관계일까? 반드시 그렇지도 않다. 현실에 대처하면서 꿈은 꿈대로 가꿀 수 있다. 세관원 앙리 루소, 프랑스어 과외 선생 마르셀 뒤샹, 보험회사 직원 프란츠 카프카, 은행원 T. S. 엘리엇의 삶은 꿈과 현실을 양자택일하지 않아도 된다고 우리에게 말해준다.

앙리 루소는 젊은 피카소의 영웅이었던 화가다. 앙리 루소는 생전에 '두아니에 루소Le Douanier Rousseau', 즉 '세관원 루소'라는 별명으로 불렸다. 한 번도 제대로 미술 교육을 받지 못했지만 화가의 꿈을 포기하지 않은 루소는 세관원으로 일하면서 퇴근 후에 그림을 그렸다.

〈샘〉이라는 작품으로 유명한 마르셀 뒤샹은 낮에는 프랑스어 과외 선생으로 일했다.

소설가 카프카는 보험회사 직원이었다. 아버지의 반대로

작가의 길을 선택할 수 없었던 카프카는 원치 않는 법학도가 되고 보험회사에 취직했던 것이다. 하지만 그는 낮에는 평범한 직장인으로 일하고 밤에는 글을 쓰며 계속 노력했다.

T. S. 엘리엇은 9년간 은행원으로 일하면서 시를 썼다.

'100세 시대'라고 한다. 백 살까지 살아도 전혀 이상하지 않은 시대다. 당장의 결정이 100세 인생 전부를 결정한다고 생각하지 말자. 이른 나이에 진로를 정하고 그 일을 평생 직업으로 삼아야 하는 것은 아니다. 100세 시대에는 인생에서 최소한 두세 개의 직업을 가질 가능성이 높다.

꿈이 있으니까 청춘?
이팔청춘

이팔청춘, 삼칠일, 과년, 방년, 미수, 백수, 할망구

청춘靑春은 푸른 봄이다. 그런데 오늘날의 청춘은 푸르지 못한 게 현실이다. 굳이 푸르다고 한다면, 세상에 언어맞아 푸르뎅뎅한 것이 아닐까?

젊은 세대를 'N포 세대'라고 부른다. 처음에는 '3포 세대'라는 말이 나왔다. 연애, 결혼, 출산을 포기한 세대라는 뜻이다. 이후 주택 마련, 인간관계까지 포기한 '5포 세대'가 나왔고, 여기에 취업, 희망, 꿈 등 청춘이 누려야 할 많은 것을 포기한다고 해서 붙여진 'N포 세대'까지 등장했다. 열심히만 하면 취업이든 내 집 마련이든 할 수 있는 세상은 20세기 후반에 끝났다. 현실에서 '내가 하고 싶은 일을 하면서 사는 꿈'을 이루기는 어려워 보인다.

그럼에도 꿈은 청춘의 훈장이다. 방탄소년단은 〈No More

Dream〉에서 꿈꾸지 않는 젊은이들에게 자신에 대한 거짓말을 그만하라고 다그쳤다. 꿈꾸는 것은 청춘의 특권이 아니라 의무에 가깝다.

청춘을 가리키는 말들

"네 성은 무엇이며 나이는 몇 살이뇨?"

"성은 성成가이옵고 연세는 십육 세로소이다."

"허허 그 말 반갑도다. 네 연세 들어보니 나와 동갑 이팔이라."

《춘향전》의 한 대목이다. 성춘향과 이몽룡이 처음 만나 대화를 나누는 장면이다. 이 대화에서 나이와 관련된 두 가지 표현이 눈에 띈다. 예전에는 젊은이들 사이에서 나이를 가킬 때 '연세'라는 말을 썼다는 점, 그리고 성춘향과 이몽룡이 동갑인데 나이가 이팔이라는 점이다.

이팔二八은 28세가 아니다. 이팔은 16세를 뜻한다. 2×8이 16이 되는 원리와 같다. '이팔청춘'이라는 말은 16세의 청춘을 뜻한다.

옛날에는 이런 식으로 숫자를 표현하기도 했다. 아이가

태어나면 문 위에 새끼줄로 된 금줄을 둘렀다. 부정한 것의 침범을 막고 무병장수를 기원하는 행위다. 금줄은 아이가 태어난 후 스무하루가 되는 날에 거뒀다. 이날을 '삼칠일'이라고 부른다. 3×7은 21일이 된다.

여자 나이 16세를 가리키는 말로 과년瓜年도 있다. 과瓜는 '오이 과' 자다. 그런데 과년은 오이랑은 아무 상관이 없다. 瓜를 세로로 나누면 八+八로 볼 수 있다. 즉 8+8은 16이 된다. '과년한 딸'이라고 하면 '혼기에 이른 딸'을 뜻한다. 옛날에는 16세가 여자의 결혼 적령기였다.

'방년 18세'라는 표현도 있다. 방년芳年에서 '방'은 '꽃다울 방' 자다. 흔히 '방년 18세'라고 하지만, 꼭 18세만 방년인 것은 아니다. 20세 전후로 한창 꽃다운 나이가 방년이다. 19세도, 21세도 모두 방년에 속한다.

노인을 가리키는 말들

노인의 나이를 가리키는 말들도 많다. 88세는 미수米壽라고 한다. 쌀 미米 자를 풀면 팔八이 두 번 들어 있다. 八과 八이 두 번 있으니 88이 된다.

'백수를 누렸다'라고 말하면 100세까지 살았다고 오해한다. 백수白壽의 한자어를 잘 보면 일백 백百이 아니라 흰 백白을 쓴 것을 알 수 있다. 百이라는 글자에서 한 일- 자를 빼면 白이 된다. 즉 100-1은 99가 된다. 백수는 100세가 아니라 99세를 뜻한다. 그러니까 '백수를 누렸다'는 말은 99세까지 살았다는 뜻이다.

'할망구'라는 표현도 재미있다. 할머니를 다소 부정적으로 '할망구'라고 표현한다. 국어사전을 찾아보면 망구, 망구순 같은 단어들이 있다. 망구望九, 망구순望九旬은 90을 바라본다는 뜻이다. 아직 나이가 90세가 됐다는 것은 아니고 이제 막 90세를 바라보기 시작했다는 것이다. 즉 망구와 망구순은 81세를 이르는 말이다.

망구에 '할-'이 붙어서 할망구가 됐다. 할망구, 할머니, 할아버지의 '할'은 크다는 뜻의 '한'이 발음상 변한 것이다. '한길' '한시름' '한걱정' '한고비' 등에서 볼 수 있는 '한'이다. '한고비'는 고비 하나가 아니라 큰 고비를 뜻한다.

노인과 청춘의 기준

미국 미네소타 의학협회가 정의한 '노인'의 기준을 한번 보자.

첫째, 스스로 늙었다고 느낀다.

둘째, 배울 만큼 배웠다고 생각한다.

셋째, 이 나이에 그런 일을 왜 하느냐고 말하곤 한다.

넷째, 자신에게 미래는 없다고 느낀다.

다섯째, 젊은 세대의 활동에 아무 관심이 없다.

여섯째, 듣기보다 말하기를 좋아한다.

일곱째, 좋았던 시절을 그리워한다.

이렇듯 삶을 대하는 태도와 자세가 노인을 결정한다. 물리적 나이가 아니다.

꿈이 있으면 아무리 늙어도 청춘이고, 꿈이 없으면 아무리 젊어도 노인이다. 미국 대통령을 지낸 지미 카터도 "후회가 꿈을 대신하는 순간부터 우리는 늙기 시작한다"라고 말했다. 화가인 모네는 76세 때부터 자신의 대표작인 〈수련〉 연작을 그리기 시작했다. 벤저민 프랭클린은 78세에 이중 초점 렌즈를 발명했다. 나이는 물리적 숫자에 불과하다는 말은 과장이 아니다. 꿈의 관점에서 나이는 숫자일 뿐이다.

여기서 명심할 점은 직업은 꿈이 아니라는 것이다. 꿈이 평생에 걸쳐 추구할 가치이자 목적이라면, 직업은 그것을 이뤄가는 과정이자 수단이다. 목표하는 대학, 원하는 직업 등은 꿈이 아니다. 대학과 직업은 꿈을 이루기 위한 수단이자 도구에 가깝다. 대학과 직업을 꿈으로 삼으면, 막상 그 목표를 이루고 나서 공허해지거나 길을 잃을 수 있다. 또한 자신을 포장하는 소속과 지위가 사라졌을 때 방황할 수도 있다. 갑자기 실직을 당했을 때 허탈감과 허무감에 빠져서 말이다. 직업을 인생의 유일한 목표로 삼으면 그렇게 될 수 있다.

지금 내 뿔 보여?
두각

두각, 중뿔나다, 총각무, 총각김치, 염두

오랫동안 인류의 높이뛰기 한계는 2미터였다. 모든 높이뛰기 선수가 자기 배가 땅을 향하도록 하는 '정면 뛰기'를 고수했다. 그러던 어느 날 한계에 도전하는 사람이 나타났다. 1968년 멕시코 올림픽 때 그때까지 한 번도 보지 못한 방법으로 높이뛰기를 하는 선수가 등장했다. 그 선수는 몸을 눕혀서 등으로 바를 넘었다. 배가 땅이 아니라 하늘을 향하는 방법이었다. 관중석에서는 박수보다 놀라움과 감탄의 소리가 터져나왔다.

"저건 뭐지?"

"아니, 바를 저렇게도 넘을 수 있다니!"

높이뛰기를 반대 방향으로 했더니 기록이 좋아졌다. 세계 최초로 높이뛰기를 반대 방향으로 한 선수는 높이뛰기의 전설, 딕 포스베리다. 모두가 배를 땅 쪽으로 향한 채 높이뛰기를 했지만, 포스베리는 과감하게 몸을 뒤집었다. 그의 이름을 따서 지은 포스베리 백 플롭, 즉 '배면 뛰기'는 오늘날 높이뛰기의 상식이다. 만약 포스베리가 남들처럼 배를 아래로 향한 채 계속 높이뛰기를 했다면 신기록을 세울 수 있었을까?

뿔이란 우리가 우리 자신임을 보여주는 상징이자 태어날 때부터 가지고 있는 보물로, 태생적 자질을 말한다. 뿔은 나를 가장 나답게 만들어준다. 태어날 때 저마다 가지고 있는 뿔은 한 사람의 개성과 독특함을 보여준다.

그러나 사람들은 살면서 그 뿔을 감추거나 심지어 스스로 잘라버린다. 뿔 없는 보통 사람이 되려고 한다. 뿔을 장애물로 여기기 때문이다. 보통의 사람이란 뿔이 잘린 사람들이다. 자기다움을 던져버리고 스스로 느끼고 생각하기를 포기하는 것이다. 철학자 쇼펜하우어는 "우리는 다른 사람과 같아지기 위해 삶의 4분의 3을 빼앗기고 있다"라고 했다.

뿔과 관련된 말들

'두각을 보이다' '두각을 드러내다' '두각을 나타내다' 같은 말을 쓴다. 두각頭角은 짐승의 머리에 난 뿔이다. 뛰어난 학식이나 재능을 비유하는 데 쓰기도 한다.

'나중 난 뿔이 우뚝하다' '먼저 난 머리보다 나중 난 뿔이 무섭다'라는 우리 속담이 있다. 머리뼈가 거의 다 여문 후에야 겨우 뿔이 난다. 하지만 나중에 생긴 뿔이 먼저 난 머리뼈보다 훨씬 단단하다. 나중에 생긴 것이 먼저 것보다 나을 때, 후배가 선배보다 훌륭할 때 쓰는 속담이다.

'중뿔나다'는 말 그대로 '가운데 뿔이 나다'라는 뜻이다. 가운데 뿔이 나면 어떻게 보일까? 뿔 하나만 툭 튀어나와 눈에 띌 것이다. '중뿔나다'는 어떤 일에 아무 관련도 없는 사람이 주제넘게 불쑥 참견할 때 쓰는 표현이다. '남의 일에 중뿔나게 나서지 마라'처럼 사용한다.

총각무나 총각김치 등은 남성을 뜻하는 '총각'과는 아무 상관이 없다. 총각은 고유어로 착각하는 경우가 있는데, 한자로 쓰면 '總角'이다. 옛날에는 장가가기 전 머리를 양쪽으로 뿔[角]처럼 동여맸다[總]. 총각무는 그 모양이 동여맨 머리카락을 닮아 붙여진 이름이다. 참고로 장가를 들면 비로소 정수리 위로 상투를 틀었다.

'염두하다'라고 말하는 경우를 종종 본다. 마음속에 어떤 생각을 담아둔다는 의미로 '염두하다'를 쓰는 경우가 종종 있는데, 사실 '염두하다'는 옳은 표현이 아니다. '염두'에 접사

'-하다'가 붙은 꼴인 '염두하다'는 사전에 올라 있지 않은 말이다. '염두念頭'는 '생각할 염念' 자와 '머리 두頭' 자가 만나 '머릿속', 즉 마음속을 가리키는 말이다.

'염두하다'라고 하면 '마음속하다'가 되어버린다. 그러므로 '마음속에 두다'를 의미하려면 '염두에 두다'라고 해야 옳다. 또는 '염두에 없다' '염두 밖의 일'과 같이 쓴다.

자기답게 산다는 것

모두가 생각을 한다. 그렇지만 누구나 잘 생각하는 건 아니다. 우리는 인간이 생각하는 동물이라고 믿지만, 사실 인간은 생각 없이 살 때가 더 많다.

"인간은 자유롭게 태어났지만 어디서나 사슬에 묶여 있다."

루소가 《사회계약론》 첫머리에서 한 말이다. 루소는 사회 질서의 구속 혹은 국가의 속박을 말하려고 했다. 인간은 자연을 벗어나 사회를 이루고 살면서, 자연 상태의 자유를 잃어버리고 신분이나 소유의 사슬에 묶이게 되었다. 루소의 말을 다르게 이해할 수도 있지 않을까? 인간은 자유롭게 태어났지만 생각의 사슬에 묶여 있다고 말이다.

내 생각이라고 여기는 것들이 알고 보면 세상의 통념일

때가 많다. 우리는 친구들, 부모님, 선생님, 교과서, 인터넷과 SNS가 들려주는 정보 속에서 살아간다. 자기 머릿속 생각은 자기 생각이 아니고, 자기 입에서 나온 말은 자기 말이 아닐 때가 많다. 이미 어디선가 보았고 누군가에게 들었던 것이다. 결국 우리가 신줏단지 모시듯 소중히 여기는 '자기 생각'의 기반은 매우 허약하다.

가장 큰 문제는 우리가 그런 생각들을 평생 머리에 이고 살아간다는 점이다. 거기에 기대어 판단하고 선택하고 행동한다. 마치 끈으로 조종되는 마리오네트처럼 우리는 통념의 조종을 받으며 살아간다. 끔찍하지 않나? 스스로 창조하지도 선택하지도 않은 생각들이 평생 내 삶을 장악한다니 말이다.

자기 머릿속에 오롯이 스스로 정립한 생각이 얼마나 될까? 스스로 생각하고 행동하지 못한다면 삶의 주인이라고 말할 수 있을까? 루소의 말처럼 우리는 노예와 같다. 주인으로 살기 위해서 끊임없이 노력하는 자만이 주인의 삶을 산다. 주인의 삶은 자유롭지만 그만큼 어렵다.

"남들과 다른 방식의 삶이란 그만큼 어려운 거란다. 실패하더라도 남 탓을 할 수가 없으니까."

애니메이션 〈귀를 기울이면〉(1995)의 주인공 시즈쿠에게 아버지가 한 말이다. 자유롭게 살려면 스스로 생각해야 한다.

모든 게 처음이라고 생각해봐
효시

효시, 원조, 시조, 비조, 목적, 적중, 정곡, 쏜살같다

미국의 어느 재즈 바에서 한 남자가 트럼펫을 불고 있다. 연주자는 자신의 연주를 집중해서 듣던 어떤 꼬마에게 다가가 '너 트럼펫 불 줄 아니?'라고 물었다. 꼬마는 '글쎄요. 한 번도 불어본 적이 없어서 제가 불 수 있는지 없는지 저도 모르겠어요'라고 대답했다. 재즈 트럼펫 연주자이자 가수인 루이 암스트롱의 어릴 적 이야기다. 어린 루이 암스트롱의 일화는 두려움 없이 시도하는 자세에 대해서 생각하게 만든다.

실패의 경험이 쌓이면 누구나 주저하게 된다. 실패는 도전과 시도를 두렵게 만든다. 실패가 클수록 두려움은 커진다. 실패가 많을수록 주저함이 커진다. 아무것도 실패한 적 없는 것처럼 다시 시도하는 게 중요하다. 도전도, 사랑도, 인생도 처음 시작하는 것처럼 대하면 훨씬 쉬워질 것이다. 모든 시작

에는 크든 작든 용기가 필요하다. 그래서 독일 작가 괴테는 이런 말을 남겼다.

"꿈을 품고 뭔가 할 수 있다면 그것을 시작하라. 새로운 일을 시작하는 용기 속에 당신의 천재성과 능력과 기적이 모두 숨어 있다."

남들보다 자전거 타는 법을 빨리 배우는 사람들이 있다. 비결은 간단하다. 넘어지는 것을 두려워하지 않는 것이다. 자전거를 금방 배우는 이들은 한 번 넘어졌더라도 거기에 빠져 있지 않는다. 반면에 넘어지는 것을 두려워하는 이들은 자전거 타는 법을 쉽게 배우지 못한다. 한 번 넘어지면 더 두려움을 느껴 움츠리게 되고, 그래서 더더욱 자전거를 타지 못한다.

어떤 일의 맨 처음

어떤 사물이나 현상이 시작되어 되어 나온 맨 처음을 '효시嚆矢'라고 한다. 효시는 '우는[嚆] 화살[矢]'이라는 뜻이다. 우는살을 날리면 크게 우는 소리가 난다. 화살 끝에 속이 빈 깍지가 달린 우는살은 공기에 부딪혀 큰 소리를 낸다. 옛날에는 전쟁을 시작할 때 우는살을 먼저 쏘아 올렸다. 병사들에게 전투의 시작을 알리기 위해서였다. 중국에서 처음 생겨났고,

우리나라에서도 삼국시대와 고려시대에 사용됐다. 전투의 시작이란 의미가 확장돼, 어떤 일의 맨 처음을 뜻하게 됐다.

일이나 사물의 맨 처음을 뜻하는 말로 원조, 시조, 비조 등이 있다. 원조元祖는 어떤 일을 최초로 시작한 사람을 가리킨다. 어떤 사물의 처음으로 인정되는 물건을 의미하기도 한다. 시조始祖 역시 원조와 뜻이 비슷하지만 자세히 살피면 그 의미가 조금 다르다. 어떤 학문이나 기술 등을 처음으로 연 사람이나 한 겨레나 가계의 맨 처음인 조상을 칭할 때 시조라고 한다.

비조鼻祖는 시조와 의미가 같다. 옛 중국인들은 어머니 배 속 태아의 신체 기관 중에서 비鼻, 즉 코가 가장 먼저 생긴다고 생각했다. 여기에서 코가 '맨 처음' '사람의 시초' 등의 뜻으로 쓰이게 됐다. 옛 화가들은 초상화를 그릴 때도 코부터 그렸다. 코가 사람의 시작이라고 여겨서다.

화살과 관련된 말들

화살은 '활'과 '살'이 더해진 말이다. 그런데 발음하기 편한 화살로 변했다. '끝소리가 'ㄹ'인 말과 딴말이 어울릴 적에 'ㄹ' 소리가 나지 않는 것은 아니 나는 대로 적는다'라는 한글

맞춤법 제28항을 따른 것이다. 따님(딸+님), 아드님(아들+님), 소나무(솔+나무), 바느질(바늘+질) 등도 비슷한 경우다.

화살과 관련된 말로는 목적, 적중, 정곡, 쏜살같다 등의 표현이 있다.

공작새의 깃털을 자세히 보면 눈 모양의 무늬가 있다. 공작새를 사냥할 때 이 눈 모양을 겨눠서 활을 쐈다. 목적目的은 여기서 나온 말이다. 눈eye을 뜻하는 목目과 과녁target을 뜻하는 적的이 합쳐져서 목적이 됐다. '목적'을 글자 그대로 풀면 '눈 과녁'이란 뜻이다.

적중的中에도 적的이라는 글자가 들어 있다. 적중은 '과녁의 가운데'를 뜻한다. '적중'과 같은 뜻을 지닌 말로 정곡正鵠이 있다. 정곡 역시 과녁의 중심을 의미한다. 정正은 하늘을 나는 솔개를, 곡鵠은 고니를 가리킨다. 솔개와 고니 모두 높이 날고 매우 날렵하기 때문에 맞히기가 쉽지 않다. '정곡을 맞히다'는 과녁의 한가운데를 맞혔다는 뜻이다. 활쏘기가 사라진 요즘에는 '정곡을 찌르다'가 '어떤 문제의 핵심을 지적하다'라는 의미로 사용되곤 한다.

'쏜살'은 쏜 화살을 이른다. 아주 빠른 것을 가리킬 때 '쏜살'이라는 말을 쓴다. '쏜살같다'는 쏜 화살처럼 매우 빠르다는 뜻이다.

처음을 기억하자

부모님에게 돈을 받아들고 처음으로 심부름을 갔던 날을 기억하나? 설렘과 두려움. 대부분의 아이가 첫 심부름에서 실패를 안고 돌아온다. 눈앞에 펼쳐진 상품에 눈이 멀기 때문이다. 상품의 손짓에 냉정을 잃고 심부름할 내용을 까먹는다. 부모님이 준 돈의 최대치로 무언가를 사서 입에 물고 돌아온다. 비록 성공하지 못했더라도 첫 심부름은 아련한 추억이다. 처음은 서툴지만 설레는 기억이다.

어떤 일이든 처음 마주한 것처럼 대한다면 우리 삶은 훨씬 풍요로워지지 않을까? 그렇게 할 수 있다면 경탄과 놀라움과 깊은 울림이 삶을 가득 채울 것이다.

"무릇 위대한 환상가와 위대한 시인은 사물을 이런 식으로 보지 않던가! 매사를 처음 대하는 것처럼! 매일 아침 그들은 눈앞에 펼쳐지는 새로운 세계를 본다. 아니, 보는 게 아니라 창조하는 것이다."

니코스 카잔차키스의 소설 《그리스인 조르바》에 나오는 내용이다.

피카소가 말한 어린이의 경우도 떠올려보자. 피카소는 모든 어린이가 예술가라고 생각했다. 문제는 어른이 된 뒤에도 예술가로 남을 수 있는가다. 피카소는 라파엘로처럼 그리는 데는 4년이 걸렸지만, 어린아이처럼 그리는 데는 평생이 걸렸다고 말했다. 어린아이처럼 그리려면 모든 것을 처음 보는 것처럼 대해야 한다.

"매일 아침, 기꺼이 인생의 초보자가 되십시오."

독일의 영성가 마이스터 에크하르트가 한 말이다. 매일 반복되는 아침이지만 오늘 아침은 오직 오늘에만 있다. 오늘의 아침은 이 세상 최초의 아침이다.

3장

나도 존중받고
싶다!

이 선, 넘지 마!
실수

실수, 착수, 선수, 자충수, 무리수, 수순, 초·중·종반전

질그릇 단지와 청동 단지가 난롯가 옆에 나란히 서 있었다. 어느 날 가만히 서 있기만 하는 일상이 지겨웠던지 청동 단지가 질그릇 단지에게 여행을 떠나자고 제안했다. 하지만 질그릇은 선뜻 대답하지 못했다. 혹시 어딘가에 부딪쳐서 깨질까 걱정됐기 때문이다. 마침내 질그릇이 속내를 터놓자 청동 단지는 자기가 위험을 막아주겠다며 친구를 격려했다.

오랜 설득 끝에 마침내 둘은 여행에 나섰다. 하지만 몇 걸음을 채 내딛기도 전에 질그릇은 '파삭' 깨지고 말았다. 질그릇의 앞에 놓인 돌조각을 막아주기 위해 청동 단지가 급하게 몸을 움직이다가 서로 부딪치고 말았기 때문이다. 때로는 선한 의도로 한 일이 다른 사람에게 피해를 주기도 한다.

선의가 모든 것을 허용해주진 않아

길에서 예쁘다며 아이의 머리를 쓰다듬거나 볼을 만지는 어른들이 있다. 대개는 나쁜 의도가 없다. 선의善意에 의한 행동이다. 하지만 의도가 좋다고 해서 어떤 일이든 허용되는 것은 아니다. '지옥으로 가는 길은 선의로 포장되어 있다.' 서양의 오래된 속담이다. 선의로 한 행동도 문제가 될 수 있다. 이경우에는 경계를 함부로 넘었기 때문에 문제다.

사람 사이에는 선, 즉 경계가 있다. 분명한 경계든 불분명한 경계든 어떤 경계가 반드시 있다. 경계는 개인 영역을 둘러싼 울타리라고 생각하면 된다. 경계를 침범하면 상대가 불편하고 불쾌할 수 있다. 경우에 따라서는 위협을 느낄 수도 있다. 그래서 경계를 함부로 넘지 않도록 조심해야 한다.

어린아이를 절대로 만져선 안 된다는 뜻이 아니다. 중요한 절차를 빠뜨렸기 때문에 문제인 것이다. 만지기 전에 먼저 아이에게 동의를 구해야 한다. 나이는 상관이 없다. 상대의 경계 안으로 들어가려면 상대의 동의가 필요하다. 동의가 이뤄지면 투명 문이 열리듯이 그 안으로 들어갈 수 있다. 우리 각자가 '보이지 않는 방'에 사는 것과 같다.

동의 없이 경계선을 넘어가면 문제가 된다. 나라와 나라 사이에는 국경선을 함부로 넘으면 분쟁이나 전쟁이 일어날 수 있고, 도로에서는 차선을 함부로 침범하면 교통사고가 발생할 수 있다. 개인끼리도 마찬가지다.

바둑에서 온 말들

우리가 쓰는 말 중에는 바둑에서 온 것이 여럿 있다. 실수 失手가 대표적이다. 실수는 '놓친 수'다. 수手는 바둑에서 한 번씩 번갈아 두는 횟수를 세는 단위다. '한 수만 물리자'처럼 쓰인다. 더 나아가 수手는 바둑을 두는 기술 또는 그 기술 수준을 뜻한다. '수가 높다' '수가 얕다' 등처럼 쓰인다.

착수著手는 바둑판 위에 돌을 올려놓는다는 뜻이다. 한 번 바둑돌을 두면 다른 곳으로 옮길 수 없다. 일반적으로 착수는 어떤 일에 손을 대어 시작한다는 뜻이다. '선수先手를 치다'는 남보다 앞질러 하는 행동이다. 바둑에서는 상대방이 어떤 수를 쓰기 전에 중요한 자리를 선점하는 것을 뜻한다.

꼼수, 악수, 묘수, 강수, 초강수, 승부수, 자충수, 무리수 등도 모두 바둑에서 온 말들이다. 자충수自充手는 스스로 한 행동이 본인에게 불리한 결과를 가져오게 되는 것을 뜻한다. 2000년 국립국어원의 신조어 목록에 오른 무리수無理手도 바둑계에서 오랫동안 사용한 용어다. 무리수는 도리 또는 이치에 맞지 않거나 정도에 심하게 벗어나는 방식을 의미한다.

수순手順은 보통 '순서' '차례'라는 의미로 쓰이나, 본디 바둑에서 돌을 놓는 일련의 과정을 칭한다. 각종 스포츠에서 널리 쓰이는 '초·중·종반전初·中·終盤戰'이라는 표현도 바둑 용어다. 쟁반, 밥상 등의 뜻을 지닌 반盤은 바둑판을 가리키기도 한다. 장고, 수 싸움 등도 바둑에서 왔다. 판세(판의 형세), 국면(바둑이나 장기판의 형세), 세력, 실리 등도 바둑과 관련이 깊은 용어들이다.

관계의 시작은 경계 존중

보이는 선도 있고 보이지 않는 선도 있다. 나라와 나라 사이에는 국경선이 있다. 달리는 자동차와 자동차 사이에는 차선이 있다. 국경선과 차선이 눈에 보이는 선이라면, 사람과 사람 사이의 선은 눈에 보이지 않는 선이다. 그 선을 기준으로 서로의 경계가 나뉜다. 사람이 들어갈 만한 커다란 비눗방울을 본 적 있나? 그런 투명막이 우리를 둘러싸고 있다고 생각하면 된다. 나의 경계는 내가 괜찮은 것과 괜찮지 않은 것 사이에 놓인 선이다.

경계는 사람마다 다를 수 있다. 낯선 사람과의 접촉도 거리낌 없는 사람이 있는가 하면, 모르는 사람이 조금만 가까이 다가가도 경계하는 사람이 있다. 경계의 범위가 다른 것이다. 나에게 익숙하고 당연한 것이 상대에게는 그렇지 않을 수 있다. 신체 접촉, 성적인 말과 행동에 대한 허용 기준이 사람마다 다를 수 있다는 걸 꼭 기억하자. 그래야 실수를 피할 수 있다. 또 같은 사람도 기분이나 컨디션, 상황 등에 따라 달라질 수 있다. 즉 경계는 사람마다, 또 상황마다 다를 수 있다.

사람마다 경계가 다르다면, 어디부터가 경계인지 어떻게 알 수 있을까? 경계가 눈에 보이지 않아서 확인이 어려울 것 같지만, 의외로 간단하다. 내가 생각하는 경계가 어디까지든 상대가 불쾌하거나 불편하다고 느낀다면 이미 상대의 경계를 침범한 것이다. 거기서 멈추고 상대의 의사를 존중하면 된다. 상대의 불편과 불쾌를 사소하게 여기지 말고 존중해야 한다. 그리고 상대의 기분과 감정을 정확히 모르겠으면 물어보면 된다. 그러면 상대의 경계를 확실히 알 수 있다.

왜 툭툭 치는 건데?
호구

호구, 핫바지, 어안, 식구, 식겁

조남주의 단편소설 〈여자아이는 자라서〉에는 상습적으로 여자애들에게 카메라를 들이대며 희롱을 일삼는 남학생들이 나온다. 남학생들은 여학생들의 다리나 가슴을 함부로 찍는 성희롱을 계속한다. 주인공 주하는 이런 행동을 '그냥 장난'으로 넘기지 않고 다른 여학생과 힘을 합쳐 적극적으로 대응한다. 상대의 동의도 구하지 않은 채 휴대폰으로 사진을 찍어서 다른 친구에게 보여주거나 인터넷에 올리는 것은 분명히 잘못된 행동이다.

친구 사이에도 경계는 필요하다. 체육복이든 휴대폰이든 친구의 물건을 빌릴 때는 당사자의 허락이 필요하다. 형제자매끼리도 마찬가지다. 친구끼리 팔짱을 끼거나 어깨에 손을 올릴 때도 먼저 동의를 구해야 한다. 하지만 우리는 아무렇지 않게 타인의 몸에 손을 대곤 한다. 이는 부적절한 태도다. 우리의 몸은 국가도 함부로 할 수 없는 영역이다.

요즘에는 디지털 기기와 관련된 경계 침범이 많이 일어난다. 다른 사람의 얼굴이나 신체 일부를 촬영할 때는 주의할 필요가 있다. 사진을 찍을 때도, 찍은 사진을 SNS 등에 올릴 때도 모두 동의를 얻어야 한다. 단체 채팅방을 비롯해 페이스북 등 본인 말고도 여러 사람이 볼 수 있는 공개된 SNS에는 다른 사람의 얼굴이나 이름이 들어간 사진, 또는 개인 정보가 포함된 글이나 사진 등은 올리지 말아야 한다. 만약 그런 사진이나 글을 업로드하고 싶다면 당사자에게 미리 허락을 받아야 한다.

입과 관련된 말들

'호구虎口'는 호랑이의 입이다. 바둑에서 온 말이다. 바둑에서 상대방의 바둑돌 석 점이 둘러싸고 한쪽만 트인 자리에 침투하는 어리석고 위험한 행동을 의미한다. 이곳에 들어가면 살아남기 어렵다. 그 속에 바둑돌을 넣는 즉시 상대에게 바로 먹힌다. 그 모습이 호랑이가 입을 벌리고 있는 모습과 같다고 해서 호구라 한다. 매우 위태로운 처지를 뜻하는 말로 쓰인다. 어수룩해 이용하기 좋은 사람을 가리킬 때도 사용한다.

호구와 비슷한 의미로 핫바지를 쓴다. '내가 호구로 보여?'에서 호구 자리에 핫바지를 넣어도 뜻이 통한다. 핫바지는 솜을 두어 지은 바지다. 핫바지에서 '핫'은 솜을 넣다는 뜻의 접사다. 핫옷, 핫이불, 핫두루마기 등에 쓰인 '핫'과 같다. 헐렁하게 만들어져서 아무 다리에나 꿰어 입을 수 있는 핫바지는 의미가 확장되어 '어수룩하고 만만해서 이용해 먹기 쉬운 사람'을 이르기도 한다.

'어안이 벙벙하다'라는 말이 있다. 어처구니가 없어 얼빠진 사람처럼 멍하다는 뜻이다. 어이없는 일로 말문이 막혀 말이 나오지 않을 때 쓰는 표현이다. '어안'은 '황당하고 어이없어 말을 하지 못하는 혀 안'을 이르는 말이고, '벙벙하다'는 '어리둥절해서 얼빠진 것처럼 정신을 차리지 못해 얼떨떨하다'라는 뜻이다.

식구를 한자로 쓰면 '食口'다. 그러니까 집에 모여 함께 밥[食]을 먹는[口] 사이가 식구인 것이다. 회사를 영어로 컴퍼니 company라고 한다. 'com'이 함께이고 'pany'가 빵이다. 즉 회사라는 말도 한솥밥을 먹는 집단이라는 뜻이다. 참고로 인구人口에도 입 구口가 들어 있다.

만약 칠흑 같은 밤중에 산길을 걸어가는데 멧돼지가 갑자기 튀어나온다면 어떨까? 무섭고 겁나지 않을까? 이럴 때 쓰는 말이 '식겁'이다. 식겁食怯은 '뜻밖의 상황에 놀라, 겁을 먹는다'는 뜻이다.

적정한 경계를 정하는 목적

남학생들 사이에는 언어적·정서적 경계나 신체적 경계를 침범하는 일이 자주 벌어진다. 친구는 가까운 사이다. 그런데 친할수록 말을 함부로 하는 일이 많다. '촌스럽게 옷이 그게 뭐냐?' 같은 식으로 말이다. 친구가 싫어하는 별명으로 부르는 것도 정서적 폭력이다. 친한 사이일수록 더 대화 예절에 주의할 필요가 있다.

학생들끼리 하는 생일빵, 신발빵을 떠올려보라. 생일이라고, 신발을 샀다고 때리고 밟는 걸 장난이라고 할 수 있을까? 일부 학생들은 뒤에서 어깨나 머리를 치면서, 또는 옆구리를 찌르면서 친구를 부른다. 툭툭 건드리거나 몸에 손을 대는 것은 예사다. 심한 경우에는 바지를 내린다거나 성기를 건드리는 짓궂은 장난도 서슴지 않는다. 매우 나쁜 장난이다. 억지로 음란물(이미지, 동영상) 등을 보여주거나 성행위를 흉내내는 것도 상대의 경계를 침범하는 행동이다.

캐나다 같은 개인주의 사회에서는 'hands-off policy(손대지 않기 정책)'를 강조하며 다른 사람을 미는 행위도 용납하지 않는다. 'hands-off policy'는 쉽게 말해 동의나 허락 없이는 타인의 신체나 소유물에 손대면 안 된다는 뜻이다. 개인의 권리를 존중하기 위해 나와 남의 경계를 확실히 하는 문화가 자리잡고 있는 것이다.

미국의 심리학자 매슬로는 인간의 욕구를 5단계로 나누어 설명했다. 기초적인 단계로 생리적 욕구, 안전의 욕구 등을 언급하고 네 번째 단계로 '존중의 욕구'를 꼽았다. 남에게서 존중받는 일이 그만큼 중요하다는 것이다. 경계 존중은 타인을 존중하는 첫걸음이다. 우리는 정신적·감정적·육체적 경계를 둠으로써 나를 지키고 내 권리를 보호한다. 나와 남 사이의 경계는 더불어 살아가기 위해서 필요한 최소한의 안전장치다. 적정한 경계를 정하는 목적은 나를 보호하고 상대를 존중하는 데 있다.

거리 두기는 쭈욱
노파심

노파심, 점심, 조석, 심금, 금실, 금슬

브리짓 존스(러네이 젤위거 분)는 런던의 출판사에 다니는 서른세 살의 미혼 여성이다. 명절 때면 남자를 엮어주려는 어머니와 애인 없느냐는 주변 사람의 참견에 스트레스를 받은 브리짓 존스는 새해부터 칼로리와 흡연량, 주량 등을 기록하는 일기를 쓰면서 생활을 개선하자고 결심한다. 영화 〈브리짓 존스의 일기〉(2001)의 내용이다. 브리짓 존스의 어머니처럼 부모는 부모라는 이유로 자식의 경계를 마구 침범할 때가 많다.

소설가 소노 아야코가 쓴 《약간의 거리를 둔다》에는 책명과 같은 제목의 짧은 글이 실려 있다. 그 글에서 소노 아야코는 어머니의 말을 빌려 인간관계에서 거리의 중요성을 이야기한다. 통풍이 나쁘면 집이 썩고, 그 집에 사는 사람도 병에 걸리기 쉽다. 작가는 사람 역시 어느 정도 거리를 둬야 통풍이 가능해진다며, 깊이 얽힐수록 귀찮고 피곤한 일만 늘어난다고 말한다. 그래서 서로 떨어져 있을 때 사람은 덜 상처받는다고 조언한다.

부모와 자식 사이에도 일정한 거리가 필요하다. 거리를 둔다는 건 멀리한다는 의미가 아니라 서로 존중하고 배려한다는 뜻이다. 가까운 사이일수록 서로서로 더 조심해야 한다. '조심操心'이라는 글자는 '마음을 쓴다'는 뜻의 한자어다. 잘못이나 실수가 없도록 자기 말과 행동에 마음, 즉 신경을 쓴다는 의미다. 상대가 불편하거나 불쾌하지 않도록 배려하는 것이다. 남을 배려할 줄 아는 사람은 타인의 경계를 잘 지켜줄 뿐더러 자기 경계도 잘 지킨다.

마음이 담긴 말들

부모들이 잔소리를 늘어놓는 이유는 노파심老婆心 때문이다. 노파심은 필요 이상으로 걱정하고 염려하는 마음이다. 본래 뜻은 '늙은 여자[老婆]의 마음[心]'이다. 어르신들은 사소한 일에도 지나치게 걱정한다. 무슨 일이 있으면 당부하는 말이 계속 이어진다. 이처럼 지나치게 염려하는 할머니 마음이라는 데서 지금의 뜻이 생겼다.

방심, 회심, 점심 등 우리말에는 심心이 들어간 말이 여럿 있다. 방심放心은 마음을 놓는다[放]는 뜻이다. 놓을 방 자다. 방학放學도 배움을 놓는다, 배움에서 벗어난다는 뜻이다. 회심回心은 마음을 돌린다는[回] 뜻이다.

점심點心이 독특하다. 풀이하면 마음[心]에 점을 찍는다는[點]는 뜻이다. 마음에 점을 찍는다? 밥을 먹는 상황과 선뜻 연결되지 않는다. 우리는 아침, 점심, 저녁으로 하루에 세 번 밥을 먹는다. 아침과 저녁에 끼니로 먹는 음식도 각각 '아침'과 '저녁'으로 부른다. 순우리말인 아침, 저녁과 달리 점심만 한자어다. 옛날에는 아침과 저녁만 먹었다. 조석朝夕이라는 말도 아침밥과 저녁밥을 가리킨다.

점심은 본래 불교 용어였다. 점을 찍듯이 먹는 간식을 뜻했다. 일상생활에 들어와 쓰이면서 '낮에 끼니로 먹는 음식'이라는 의미가 생겨났다. 그 음식을 먹는 시간이라는 의미도 붙었다. 물리적 대상에서 시간으로 의미가 확장된 것이다. '뎜심'이 구개음화에 의해 '점심'으로 변했다.

심금心琴의 한자어는 마음의 거문고라는 뜻이다. 거문고의 선율이 마음을 움직이듯이 외부 자극에 따라 조금씩 움직이는 마음을 비유하는 말이다. 금실琴瑟에도 거문고가 들어 있다. '부부간의 화목한 즐거움'을 뜻하는 말은 '금슬지락琴瑟之樂'이고, 이의 준말은 금슬琴瑟이라 한다. 금琴은 거문고를 뜻하고, 슬瑟은 비파(큰 거문고)를 뜻한다. 즉 거문고와 비파가 아름다운 화음을 이루는 것처럼, 그렇게 알콩달콩하게 사는 부부 사이를 일컬을 때 금슬을 쓴다. 그런데 이 금슬을 한글로 쓸 때는 '금슬'이 아니라 '금실'로 적는다. '금슬'보다는 '금실'이 발음하기가 편해 그렇게 정해졌다.

거리와 존중

고슴도치처럼 온몸에 날카로운 바늘이 돋친 호저(산미치광이)라는 동물이 있다. 이 동물은 날이 추워지면 서로의 체온을 얻으려고 바짝 붙다가 서로 가시에 찔려 떨어진다. 그러다 다시 추워지면 또 붙다가 찔린다. 떨어지면 춥고, 다가가면 아픈 과정을 몇 번 되풀이하다가, 이윽고 너무 떨어져 춥지도 않고, 너무 가까워 찔리지도 않는 적당한 거리를 찾게 된다.

앞서 언급한 내용은 철학자 쇼펜하우어의《여록과 보유》에 실린 우화〈호저의 딜레마〉의 내용이다.〈호저의 딜레마〉는 서로의 체온을 느낄 정도로 가깝더라도, 서로에게 상처를 입힐 만큼 붙어서는 안 된다는 교훈을 준다. 쉽게 말해 사랑

하되 타인의 독립성을 존중하라는 뜻이다.

부모님이 노파심에서 하는 잔소리는 선의로 하는 말이다. 하지만 선의가 늘 좋은 영향과 결과를 낳는 것은 아니다. 영화 〈4등〉(2016)의 엄마는 매번 4등만 하는 수영선수 아들의 등수를 끌어올려줄 코치를 구하러 백방으로 뛰어다닌다. 결국 아들은 국가대표 출신 코치에게서 폭력이 동반된 맹훈련을 받고 '거의 1등'인 2등을 한다. 엄마는 '맹자 엄마는 아들을 위해 세 번이나 이사를 다녔다는데, 그깟 체벌이 대수인가?'라고 생각한다.

'너를 위해서'라고 말하지만, 그게 정말 자식을 위한 걸까? 어쩌면 '나(부모)를 위해서'는 아닐까? 자식이 '이건 나를 위한 게 아니라고요'라고 했다면 부모는 스스로를 돌아볼 필요가 있다.

자기가 원하는 대로 자녀가 행동하고 변하길 기대하는 부모들이 있다. 그러나 사람이 변하는 것은 쉬운 일이 아니다. 자녀가 바뀌길 원하는 부모조차도 스스로 변하지 못할 때가 많다. 내 말 한마디로 자녀가 즉각 달라지길 바란다면 사람이 아닌 로봇을 키워야 한다. 반려동물도 그렇게 훈련하기 어렵다. 자기가 기대하고 생각하는 대로 바뀔 때까지 지치지 않고 잔소리하는 것은 애정이 아니라 구속이다.

그렇다고 자녀를 방치해야 한다는 뜻은 아니다. 복종을 강요하지 말고 존중을 하자는 것이다. 사람은 쉽사리 바뀌지 않지만, 변화가 불가능한 존재도 아니다. 쉽게 변하지 않는다는 사실을 인정하면서도 달라질 수 있다는 믿음을 갖고, 참고 기다려주는 자세야말로 사춘기 부모에게 필요하지 않을까? 집에 가서도 사회생활을 하듯이 하면 '100점짜리 부모'라는 말이 있다.

알아서 한다니까요!
오지랖

오지랖, 아양 떨다, 소매치기, 들치기, 날치기,
가냘프다, 올곧다

영화 〈엑시트〉(2019)의 남자 주인공 용남은 수년째 취업을 하지 못해 누나와 엄마의 구박을 받는다. 엄마의 회갑 잔치에서 만난 친척들은 하나같이 '직장은 어디 다니냐'라고 묻는다. 현실에서 친척들은 명절에 모여 온갖 사생활을 캐묻기 바쁘다. '공부 잘해?' '취업 안 해?' '애인 없어?' '결혼 안 해?' '애는 안 낳아?' '살이 쪘네?' 등 끝이 없다.

나쁜 의도는 없다. 어떻게 보면 '인간적 관심'이라고 할 수 있다. 그러나 상대방은 관심보다 간섭으로 느낄 수 있다. 사생활에 함부로 간섭하는 것으로 말이다. 아무리 친척이라도 '왜 이렇게 살쪘어? 좀 꾸미고 다녀라'라고 말하는 건 엄연히 경계 침범이다. 좋은 뜻으로 한 말이라도 다 좋은 건 아니다. 나쁜 뜻이 없더라도 상대방을 곤란하게 만들 수 있는 무례한 질문은 조심해야 한다.

'오지랖'이라는 말이 있다. 남의 일에 쓸데없이 지나치게 참견할 때 '오지랖이 넓다'고 한다. 요즘엔 '오지라퍼'라는 신조어까지 생겨났다. 남의 사생활에는 웬만하면 오지랖을 삼가야 한다. 친척 어른도 예외일 수 없다. 가까운 친척이라도 엄연히 경계선이 있다. 서로에게 관심을 갖고 기꺼이 도움을 주는 것은 좋지만, 서로를 배려하고 존중하는 자세가 반드시 필요하다.

옷에서 온 말들

오지랖은 한복의 웃옷이나 윗도리에 걸치는 겉옷의 앞자락을 가리킨다. 오지랖은 옷의 안쪽이 보이지 않을 만큼 여밀 수 있으면 되는데, 만약 다른 사람의 옷자락까지 덮는다면 오지랖이 너무 넓은 것이다. 쓸데없이 지나치게 아무 일에나 참견하고 간섭하는 사람을 두고 '오지랖이 넓다'라고 한다.

'아양 떨다'는 말도 전통 의상에서 비롯했다. 아양은 '아얌'에서 왔다. 아얌은 겨울철에 여자들이 나들이할 때 머리에 쓰는 쓰개다. 이마에 두르는데, 뒤쪽에 댕기처럼 길게 늘어뜨린 아얌드림이라는 비단 장식을 달았다. 아얌을 쓰고 걸어가면 수술 장식과 비단이 흔들려 떨리게 되고, 주위 사람들의 눈길을 끌게 된다. 이 모습이 남의 시선을 끌고자 하는 행동처럼 보인다고 해서 '아양 떨다'라고 했다.

소매치기는 남의 몸이나 가방에서 금품을 훔치는 일이다. 옛날 사람들이 입고 다니던 도포는 소맷자락이 꽤 크고 넓었다. 품이 크고 넓은 옷소매 안에 돈이나 물건을 넣을 수 있었다. 그 옷소매 안에 있는 돈이나 물건을 훔친다고 해서 생긴 말이 소매치기다. 들치기, 날치기 등도 소매치기와 비슷한 뜻이다.

'가냘프다'도 옷감과 관련된다. 이는 비단옷이나 삼베옷을 입는 동양의 복식 문화에서 비롯한 말이다. 비단이나 삼베를 짤 때 실이 가늘수록[纖] 옷감이 고와진다. 가늘고 고운 옷감을 섬세하다고 하는데, 즉 섬세纖細란 가늘고 곱다는 뜻이다. 그런 옷감은 안이 훤히 보일 만큼 매우 얇다. 이처럼 옷감이 가늘고 얇아야 품질이 좋다고 여겼는데, 가늘고 얇다는 말이 합쳐져 '가냘프다'가 됐다.

'올곧다'는 천과 관련된다. 실의 가닥을 이루는 올이 곧으면 천이 뒤틀림 없이 바르게 짜인다는 데서 생겨난 말이다. 무엇이든 반듯한 것을 이르는 말로, 정신이나 마음이 바르고 곧을 때도 쓴다.

안 묻고 궁금해하지도 않기

친척 어른들이 흔히 묻는 말은 '공부는 잘하니?'다. 명절만 되면 귀에 못이 박힐 정도로 듣게 된다. 어떤 어른들은 대놓고 '반에서 몇 등이나 해?'라고 묻기도 한다. 어느 집안이든 어른들이 오랜만에 친척 아이들을 만나면 으레 공부와 성적, 등수가 화제가 된다. 고등학생이 되면 '수시 원서는 어디 썼어?' '대학은 어디 갈래?' 등의 질문을 받게 될 것이다.

애정 어린 관심일까? 어른들에게는 그게 관심의 표현일 수 있다. 그러나 젊은 세대에겐 관심보다 간섭으로 느껴지니 문제가 아닐까? 공부와 관련해선 아예 안 묻고 궁금해하지 말아야 한다. 사실, 공부와 관련된 질문이나 훈계는 관심의 표현이 아니라 무관심의 증거가 아닐까? 서로의 삶에 진짜로 관심이 있다면, 또 평소에 잘 대화하는 사이라면 저런 걸 굳이 물을 필요도 없다. 평소 공부 밖의 삶에는 별 관심이 없고 질문도 해본 적 없기에 오랜만에 만나서 저런 걸 묻는 것이다.

가장 심각한 오지랖은 누구와 누구의 성적을 비교하는 것이다. 비교는 자존감에 지우기 힘든 상처를 입힌다. '서울대 간 사촌 ○○ 반만 닮아 봐라' '큰집 ○○는 수학경시대회에서 금상을 탔다는데' 등등. 친척들의 오지랖은 여기서 끝이 아니다. 오지랖은 20대를 거쳐 30대, 40대까지 쭉 이어진다.

그 나이 대에 해야 할 일들을 정해놓고 질문 세례를 퍼붓는다. 대학을 나오면 취업을 해야 하고, 취업을 하면 결혼을 해야 하고, 결혼을 하면 애를 낳아야 하고…. 친척 어른들에게는 정해진 삶의 필수 코스가 있다.

'취업 준비는 어떻게 돼가니? 혹시 내 도움이 필요하면 언제든 얘기해!' '요즘 무슨 일 있어? 혹시 불편하지 않으면 얘기해줄 수 있어?'라고 조심스럽게 물어야 한다. 일방적인 참견이 아니라 진심을 담아서 말이다.

진심은 눈에 보이지 않는다. 진심을 담으려면 두 가지가 필요하다. 첫째는 배려하고 조심하는 자세이고, 둘째는 내 것을 내주는 자세다. '도움이 필요하면 언제든 얘기해'는 내가 기꺼이 너를 도와주겠다는 말이다. 당신을 위해 마음과 힘을 쓰겠다는 것이다. 그런 관심과 애정이 있다면 상대도 진심을 느낄 수 있다.

94

잘 모르겠으면 우선 멈춤
긴가민가

긴가민가, 어차피, 도무지, 부질없다, 불현듯,
부랴부랴, 불티나다, 부리나케

성춘향이 이몽룡과 사랑에 빠진 나이는 열여섯이었다. 말 그대로 이팔청춘이었다. 줄리엣이 로미오와 사랑에 빠진 나이는 열넷이었다. 사랑하는 이들에게는 두려울 것도 거칠 것도 없다. 하지만 지나친 사랑은 독이 된다. 내 사랑을 받아주지 않으면 죽어버리겠다고 협박하는 사랑이 그렇다. 스토커의 사랑은 추한 사랑이자 독이다. 똑같이 목숨을 내놓는 사랑이지만 줄리엣의 사랑과 스토커의 사랑은 다르다. 원하지 않는 상대에게 내 감정을 강요할 때 그것은 사랑이 아니라 폭력이다.

사랑 고백은 사소한 일 같지만 결코 사소하지 않다. 수줍은 사랑 고백은 하는 사람에게는 설레고 받는 사람에게는 애틋하다. 그런데 애틋함은 고백받는 사람이 고백을 기대했을 때 생기는 감정이다. 느닷없는 고백은 애틋함과 거리가 멀다. 일방적인 사랑 고백이 부담스러울 수밖에 없는 이유다. 일방적인 사랑 고백도 엄연히 경계 침범이다.

어떤 고백은 폭력이다. 《주간경향》에 실린 '왜 알바에게 고백해서 혼내주려 하나요ㅜㅜㅜ'라는 기사는 알바 노동자가 고백하는 손님 때문에 겪는 어려움을 보여준다. 기사에 따르면 커피 전문점 매장 관리인이 꼽은 가장 대처하기 힘든 '진상' 손님은 '고백하는 손님'이다. 서비스가 마음에 들지 않아 난동을 부리는 손님은 다시 오지 않지만, 점원이 좋다고 오는 손님은 계속 찾아와 부담을 주기 때문이다.

마음을 전하는 손님이 뭐가 그렇게 부담스럽냐고? 고백하는 사람 입장에서는 별것 아닐 수 있다. 기껏해야 거절당하면 그만이니까. 하지만 고백받는 점원 입장은 다르지 않을까? 연애하러 나온 게 아니라 일하러 온 곳에서 느닷없는 고백은 일하는 데 방해만 된다. 게다가 다시 찾아와도 막거나 피할 방법이 없다. 매몰차게 거절했다가 상대가 본사에 보복성 항의를 할 수 있다. 심하면 스토킹을 할 수도 있다. 당장 벌어진 불상사는 아니지만 앞으로 일어날 수 있기 때문에, 고백받는 점원 입장에서는 이래저래 부담스러울 수밖에 없다.

순우리말 같은 한자어들

긴가민가한 상황에서 어설픈 고백은 위험하다. 여기서 '긴가민가'의 원말은 '기연가미연가'다. 기연其然은 '그렇다', 미연未然은 '그렇지 않다'는 뜻이다. '기연가미연가'는 '그런가? 그렇지 않은가?' 하며 확신이 서지 않아 고개를 갸우뚱한다는 뜻이다. 기연가미연가가 줄어서 '긴가민가'로 변했다.

'긴가민가'처럼 순우리말로 보이지만 의외로 한자어인 말들이 있다. 어차피於此彼는 생각과 달리 한자어다. '이렇게 하든지 저렇게 하든지' '이렇거나 저렇거나' '어쨌거나' 등의 뜻을 가진 어차피는 '어차어피於此於彼'가 원말로, 반복해 쓰인 '어於'가 하나 생략된 형태다.

도무지도 있다. 도모지塗貌紙는 조선시대에 행해졌던 형벌이다. 물을 묻힌 한지를 죄인의 얼굴에 몇 겹으로 착착 발라놓으면 숨을 못 쉬어 죽게 되는 벌이었다. 그 도모지 형벌에 기원을 두고 '전혀 어떻게 해볼 도리가 없는' '아무리 애를 써도 전혀' 등의 의미로 부정적 사실을 강조할 때 도무지를 사용하게 됐다. 즉 도무지는 도저히 어떻게 해볼 방법이 없다는 뜻이다.

한자어는 아니지만, 재미있는 줄임말이 있다. '부질없다' '불현듯' '부랴부랴' '불티나다' '부리나케' 등이다. 이들 단어는 모두 '불'이 들어간 줄임말이다.

'부질없다'는 불질에서 온 말이다. 쇠를 불에 달구었다 물에 담갔다 반복하는 게 불질이다. 불질을 거쳐야 쇠는 단단해진다. 불질을 하지 않은 쇠는 금세 휘어진다. 불질을 하지 않았다는 '부질없다'는 쓸모가 없다는 뜻이다.

'불현듯'은 '불 현 듯(불 켠 듯)'이 변한 말인데, 불을 켜서 불이 일어나는 것 같다는 의미로 갑작스레 하나의 생각이 걷잡을 수 없이 일어날 때 쓴다.

부랴부랴는 '불이야 불이야'에서 유래했다. '불이야 불이야'가 '불야 불야'로 표기가 줄면서 생겨난 말이다. 물건이 빨리 팔린다는 뜻의 '불티나다'는 불티가 탁탁거리며 사방으로 튀는 모습에서 온 말이다. '부리나케'는 '불이 나게'에서 왔다.

사랑도 죄가 된다

'저기, 고백해도 될까요?'처럼 동의받고 고백하기는 어려울 수 있다. 동의받고 고백하라는 얘기가 아니다. 누군가에게 고백하려면 먼저 그럴 만한 교감이 있어야 하지 않을까? 최소한 상대도 내게 호감이 있다는 걸 확인하고 마음을 전해야 한다. 그런 확인을 거치지 않은 고백은 거의 대부분 실패로 끝난다. 그렇다면 감정의 확인이 더더욱 필요하지 않을까?

호감은 주관적 감정이라 명백히 확인하기 어렵다. 그럼에도 알아보기 위해 노력해야 한다.

2020년 서울 노원구의 한 아파트에서 세 모녀가 살해된 채 발견됐다. 범인은 큰딸을 일방적으로 따라다녔다. 가해자와 피해자는 온라인 게임을 통해 알게 된 사이인데, 가해자가 일방적으로 교제를 요구했지만 거절당했다. 이후로도 피해자를 계속 따라다니고 지속적으로 찾아왔다. 피해자가 연락 자체를 거부하자 앙심을 품고 범행을 저질렀다고 한다. 살인까지는 아니더라도 이런 식으로 고백 후에 스토킹하는 일은 드물지 않다.

영어에 'Only the brave gets the beauty'라는 말이 있다. '용기 있는 자가 미인을 얻는다'라는 뜻이다. '열 번 찍어 안 넘어가는 나무 없다'라는 우리 속담도 있다. 되지 않을 것 같은 일도 여러 번 시도하면 결국 이루어진다는 뜻이다. 목표하는 대상이 일이라면 상관없겠지만, 그 대상이 사람이라면 문제다. 열 번을 찍었다면 상대가 이미 아홉 번을 거절했다는 뜻 아닌가? 이건 스토킹이다. 열 번이나 찍히는 사람은 얼마나 불편하겠나? 상대의 집착이 병적이어서 집이나 회사까지 찾아오면 얼마나 괴롭겠나? 사랑은 도끼로 탕탕 찍어 넘기는 일이 아니다. 사람은 나무가 아니다.

4장

이제부터 비교는 거부합니다

엄친아는 불행의 지름길
굴지

굴지, 손꼽다, 백수, 백일장, 백일하

시험 점수가 95점이 나왔다. 부모님이 칭찬할까? 우선 이렇게 물을 가능성이 높다. '그래서 몇 등인데?' 점수 자체가 중요하지 않은 경우가 많다. 그 점수로 몇 등을 했느냐가 중요한 것이다. 남과 비교해서 내가 받은 점수의 상대적인 위치를 가늠하는 것이다. 우리 일상은 대부분 이런 식이다.

부모님이 다른 사람과 여러분을 비교하는 게 싫을 것이다. 누구 집 애는 성적이 어떻고, 이번에 어느 대학에 합격했고…. 익숙한 레퍼토리 아닌가? 이때 흔히 동원되는 게 바로 엄친아나 엄친딸이다. 엄마 친구의 아들딸은 자기 의사와 상관없이, 시도 때도 없이 불려나와 우리에게 열등감을 안겨준다. 그래서 우리는 만난 적도 없는 엄친아나 엄친딸을 싫어한다.

그런데 사실 우리 스스로도 자신과 다른 사람을 늘 비교한다. 친구가 이번 모의고사에서 몇 등을 했는지, 친구가 새로 샀다는 옷의 브랜드는 무엇인지, 친구네 집은 얼마나 잘사는지…. 중학생이냐 고등학생이냐에 따라 또 학년에 따라 다소 차이는 있겠지만, 그런 식으로 늘 비교한다. 비교당하는 게 죽기보다 싫으면서 정작 스스로는 남과 끊임없이 비교하면서 살아간다. 대학은 '굴지의 대학'을 나와야 하고 직장은 '굴지의 기업'에 취직해야 한다.

손을 꼽아 세다

아이는 무언가를 셀 때 손가락을 이용한다. 손가락으로 꼽아 셀 만한 것은 숫자가 적다. 손가락으로 셀 수 있는 숫자는 한 손으로는 다섯 개, 양손으로도 열 개 내외다. 그래서 '손가락을 꼽다'라는 뜻의 굴지屈指는 수많은 가운데서 매우 뛰어난 것을 가리킨다. 여럿 중에서 손에 꼽힐 만큼 훌륭하다는 것이다. '굴지의 회사' '굴지의 재벌' '굴지의 대학'처럼 '굴지의'의 꼴로 많이 쓰인다.

'손꼽다'나 '손꼽히다'도 비슷하다. 원래는 많은 것 가운데 다섯 손가락 안에 들 만큼 월등할 때 '손꼽다'라는 말을 썼다. 많은 수의 사람이나 물건 중에서 능력 등이 두드러진다는 의미다.

손이 들어간 표현 중에 백수白手라는 말이 있다. 흰 백白 자는 '희다'라는 뜻도 있지만 '아무것도 없다'라는 뜻도 있다. 즉 백수는 손에 아무것도 없다는 의미다. 돈이 없다는 뜻도 되고, 일을 하려면 손에 연장이나 도구를 들고 있어야 하는데 그런 게 없다는 뜻이기도 하다. 돈도 없으면서 일도 하지 않고 빈둥대며 놀고먹는 건달을 '백수건달'이라고 부른다.

백白으로 시작하는 말 중에 백일장白日場이 있다. '백일'은 구름이 하나도 없는 아주 맑은 날이다. 조선시대에는 유생들의 학업을 장려하고자 각 지방에서 시문 짓는 대회를 개최했다. 대낮에 큰 마당에서 열리는 경연이라고 해서 '백일장'이라고 부르게 됐다. 오늘날에도 글짓기 대회를 백일장이라고 한다.

백일하白日下라는 말도 있다. 한자를 풀면 '환하게 빛나는 해 아래'라는 뜻이다. 모든 사람이 다 알 수 있을 만큼 뚜렷한 상태를 가리킨다. '사건의 전모가 백일하에 드러났다'처럼 쓰인다. 비슷한 뜻으로 '사건의 전모가 만천하에 드러났다'라고 말하기도 한다. '만천하滿天下'는 '온 세상'을 의미한다.

비교는 불행의 지름길

비교는 행복에서 멀어지는 지름길이다. 비교하는 순간 내가 가진 것, 내가 이룬 성취는 보잘것없는 것이 된다. 올림픽 메달 가운데 금메달의 행복도가 가장 클 것이다. 그럼 금메달 다음으로 행복도가 큰 메달은 무엇일까?

《프레임》이라는 책에 따르면, 미국 코넬대 연구팀은 1992년 하계 올림픽 중계 자료를 분석했다. 메달리스트들이 게임 종료 순간과 시상식에서 어떤 표정을 짓는지 분석해 감정을 비교하는 연구였다. 연구팀은 금, 은, 동의 순서로 기분이 좋으리라 예측했는데, 결과는 예상과 달랐다. 게임이 끝나고 메달 색깔이 결정되는 순간에 동메달리스트의 행복 점수는 7.1로 나왔다. 반면에 은메달리스트의 행복 점수는 고작 4.8에 불과했다.

동메달이 은메달보다 더 행복한 이유가 뭘까? 은메달은 금메달과 비교하느라 자기 메달의 가치와 기쁨을 온전히 누리지 못한다. 반면 동메달은 메달을 땄다는 사실에 만족할 뿐이다. 즉 다른 메달과 자기 메달을 저울질하지 않고 수상 그 자체를 즐기는 것이다. 소설《꾸뻬 씨의 행복 여행》속 주인공은 "행복의 첫번째 비밀은 자신을 다른 사람과 비교하지 않는 것이다"라고 말한다. 우리가 더 행복해지고 건강해지기 위해서는 지금까지와는 다르게 욕망할 줄 알아야 한다.

비교하는 마음을 완전히 버리기 어렵다면, 다르게 접근해 보면 어떨까? 비교에는 '나를 죽이는 비교'와 '나를 살리는 비교'가 있다. 남과의 비교는 나를 죽이는 비교이고, 나와의 비교는 나를 살리는 비교다. 남과의 비교는 독이고, 나와의 비교는 약이다. 남과의 비교는 나를 의기소침하게 만들고 주눅 들게 하지만, 나 자신과의 비교는 나를 북돋우고 내 영혼을 살찌울 수 있다. 오늘의 내가 어제의 나보다 더 건강해지고 성숙해진다면 말이다.

삶에서 중요한 것은 '남보다'가 아니라 '이전의 나보다'일지 모른다. 작가 어니스트 헤밍웨이는 "타인보다 우수하다고 해서 고귀한 것이 아니라, 과거의 자신보다 우수한 것이야말로 진정으로 고귀한 것이다"라고 했다. 비교의 관점을 한번 바꿔보자. 삶의 스트레스가 확 줄어들 것이다.

간발의 차이로 놓치지 말자
간발

간발, 위기일발, 주변머리, 소갈머리

두 사람이 공항에 비행기를 타러 갔다. 그런데 두 명 모두 공항에 늦게 도착하는 바람에 비행기를 놓치고 말았다. 한 사람은 5분 늦었고 또 다른 사람은 30분 늦었다. 누가 더 화가 났을까? 사람들에게 물었더니 응답자의 96퍼센트가 5분 늦게 도착한 사람이 더 화가 날 것이라고 대답했다. 간발의 차이로 비행기를 놓친 관계로 30분 지각한 사람보다 더 분하고 억울해할 거라는 이유에서였다.

간발의 차이로 어떤 일을 하지 못하면 사람들은 그 일에 더욱 연연한다. 그리고 그것이 이후의 행동, 심지어 인생 전반에 영향을 주기도 한다. 이러한 현상을 가리켜 '간발 효과 nearness effect'라고 한다. 심리학자이자 행동경제학자인 대니얼 카너먼은 후회에 영향을 주는 요인을 탐구하려고 앞서 소개한 설문을 진행했다.

후회는 크게 두 가지다. '한 일에 대한 후회'와 '하지 않은 일에 대한 후회'가 그것이다. '한 일에 대한 후회'보다 '하지 않은 일에 대한 후회'가 더 오래간다. 이미 일어난 일은 어떻게든 정당화할 수 있다. 그러나 '하지 않은 일'은 쉽게 정당화되지 않는다. 실패한 첫사랑의 기억이 오래도록 지속되는 이유도 그 때문이다. '그때 거기서' 하지 않은 일을 후회만 하지 말고, '지금 여기서' 하면 된다.

머리카락을 단위로?

'간발의 차이'에서 '간발間髮'은 '간불용발間不容髮'이란 사자성어에서 나온 말이다. 간불용발은 머리카락 하나 들어갈 자리도 없다는 뜻으로, '간발의 차이'는 머리카락 또는 털 하나 차이를 이른다. 털 하나만큼의 간격이면 눈으로는 구별하기 어렵다. 그만큼 두 대상의 차이가 미미한 것이다. 머리카락 하나의 너비는 0.05밀리미터다.

그런데 왜 하필 머리카락일까? 길이 측정을 위해 고대에 주로 사용했던 도구는 신체였다. 손가락, 발, 팔 등을 용도에 맞게 골라 사용했다. 언제나 이용할 수 있고, 그 크기도 어느 정도 일정하니 매우 편리했을 것이다. 그런 사람의 몸에서 가장 작은 것이 무엇일까? 아무리 둘러봐도 털보다 작은 것이 없다. 그래서 가장 미미한 차이를 표현하기에 적합한 대상으로 털이 사용됐다.《세상을 측정하는 위대한 단위들》을 보면 머리카락이 실제 단위로 사용된 역사적 사례들을 소개한다. 20세기 말까지도 보석 세공과 시계 제조 분야에서 머리카락 너비를 단위로 썼다고 한다.

위기일발은 '몹시 위태로운 순간'을 가리킨다. '일발인천 균一髮引千鈞', 즉 머리카락 한 가닥으로 천 균(예전에 쓰던 무게 단위)을 끌다'라는 표현에서 유래했다. 1균이 30근이니까 머리카락 한 가닥으로 3만 근, 즉 매우 무거운 물건을 끌고 가려면 얼마나 위태롭겠나? 일발인천균을 줄여서 천균일발千鈞 一髮, 위기일발危機一髮이라고 한다.

주변머리, 소갈머리 같은 말이 있다. 주변머리는 일을 이끌어가거나 처리하는 데 융통성을 발휘하는 재간을 뜻한다. 보통은 상황을 살피지 못하고 일을 답답하게 처리할 때 '주변머리가 없다'라는 식으로 쓰인다. 소갈머리는 마음 또는 속생각을 가리키는 말이다. 원래는 속알머리였다. 속과 알은 같은 말이다. 내부를 가리킨다. 여기서 '머리'는 머리카락 등의 신체를 뜻하는 말이 아니다. 인정머리(인정), 얌통머리(얌치)의

경우에서 알 수 있듯이 말 뒤에 붙어서 그 뜻을 강조하는 접
사다.

중요한 것은 바로 지금

우리가 놓쳐서 후회하는 일들은 이미 지나가버렸다. 흘러
가버린 것은 되돌릴 수 없다. 돌이킬 수 없는 것에 생각과 마
음을 쓰는 일은 헛된 짓이다. 후회로 인생을 낭비하지 말자.
아쉬워한다고 달라질 것도, 나아질 것도 없다. 물론 후회가
똑같은 잘못을 되풀이하지 않도록 도울 수 있다. 하지만 후회
의 유용성은 거기까지다. 그 이상의 후회는 쓸데없는 짓이다.
지나간 것은 지나간 것일 뿐이다. 많은 사람이 바꿀 수 없는
것, 돌이킬 수 없는 것에 집착하면서 인생을 낭비한다. 바꿀
수 있는 일에 초점을 맞추자.

딸이 커피잔을 쓰러트리는 바람에 커피가 남자의 옷에 쏟
아진다. 잔을 테이블 끝에 둔 아내에게 짜증을 내자 말싸움이
일어나고 딸은 울음을 터뜨린다. 딸은 우느라 학교 갈 준비를
제대로 마치지 못해 통학버스를 놓친다. 학교까지 딸을 데려
다주느라 회사에 지각하게 생겼다. 서두르다 과속을 했고 속
도위반 딱지까지 끊는다. 가족들과 다투고 지각까지 해서 기

분이 나쁘다. 왜? 쏟아진 커피 때문에? 커피를 쏟은 딸 때문에? 모두 아니다. 남자가 보인 5초간의 반응 때문이다.

그 상황에서 남자는 다른 반응을 선택할 수도 있었다. 《타임》이 '미국에서 가장 영향력 있는 25인' 가운데 한 명으로 선정한 리더십 전문가 스티븐 코비는 "인생의 10퍼센트만이 당신에게 일어나는 사건들에 의해 결정되고, 나머지 90퍼센트는 당신 자신이 선택한 반응에 의해 결정된다"라고 말한다.

후회와 자책과 걱정에 빠져 살수록 중요한 것을 놓치게 된다. 바로 현재다. 우리는 지나간 것에 대한 후회, 아직 일어나지 않은 것에 대한 걱정에 사로잡혀 현재를 허비하곤 한다. 뒤만 쳐다보는 것도, 앞만 내다보는 것도 모두 바보짓이다. 《키다리 아저씨》에서 주인공 주디는 "전 행복해지는 진짜 비결을 알아냈어요. 바로 현재를 사는 거예요. 과거에 얽매여 평생을 후회하며 산다거나 미래에 기대는 것이 아니라 지금 이 순간 최대의 행복을 찾아내는 거죠"라고 말한다. 중요한 것은 지금 여기다. 후회 대신 현재에 충실하자.

카르페 디엠carpe diem. 글자 그대로 옮기면 '잡아라, 오늘을'이다. 오늘은 그저 그런 하루가 아니다. 어쩌면 우리에게 주어진 유일한 날이 오늘일 수도 있다. 인생은 '오늘'의 연속이자 집합이다. 지금 이 순간이 내 인생이다. 순간들이 모여

하루가 되고, 하루하루가 모여 인생이 된다.

그러니 하루하루를 마지막날인 것처럼 소중히 여겨야 한다. 두 번은 없다. 소설가 톨스토이도 "당신에게 가장 중요한 때는 현재이며, 당신에게 가장 중요한 일은 지금 하고 있는 일이며, 당신에게 가장 중요한 사람은 지금 만나고 있는 사람이다"라고 했다. 우리는 그 중요한 지금을 놓치면서 산다.

입은 하나고 귀는 둘인 이유
미주알고주알

미주알고주알, 노가리 까다, 부아, 환장, 한심, 간담

커뮤니케이션에서 빼놓을 수 없는 연구 중 하나로 심리학자 앨버트 머레이비언이 제시한 '머레이비언의 법칙'이 있다. 머레이비언은 상대방에게 호감을 느끼는 순간이 언제인지, 첫 만남에서 인상을 결정짓는 요소가 무엇인지 등을 알아보고자 대화하는 사람들을 관찰하여 분석했다. 그 결과, 상대방의 인상이나 그에 대한 호감을 결정하는 데 몸짓이 55퍼센트(표정 35퍼센트, 태도 20퍼센트), 목소리가 38퍼센트의 영향을 미치는 반면에 말하는 내용은 고작 7퍼센트의 영향만 준다고 결론을 내렸다.

남을 설득하려면 논리력만 있어선 안 된다. 아리스토텔레스는 말에 필요한 기술을 로고스, 파토스, 에토스로 나누어 설명한다. 로고스는 얼마나 논리적으로 말을 잘하는지를

뜻한다. 파토스는 감정과 열정을 가리키고, 에토스는 사람됨과 인간적 신뢰를 일컫는다. 이 가운데 가장 중요한 것은 바로 에토스다. 상대방에게 감정이 좋을 때는 어눌한 말도 믿게 된다. 상대가 밉고 싶다면 그의 말이 논리가 탄탄하고 감정이 풍부해도 정나미만 떨어진다. 상대를 설득하려면 호감부터 사야 한다. 메시지의 힘은 메신저에 대한 믿음에서 비롯한다.

그런데도 어떤 사람들은 미주알고주알 말을 많이 하면 상대를 설득할 수 있다고 생각한다. 착각이다. 남의 말을 듣지 않고 자기 말만 늘어놓으면 비호감을 산다. 누군가의 마음을 사고 내 의견을 전달하려면 입이 아니라 귀부터 열어야 한다. 남을 설득하는 힘은 입이 아니라 귀에서 나온다. 좋은 관계를 유지하고 싶다면 많이 말하기보다 많이 들어야 한다. 입이 하나이고 귀가 둘인 이유도 그래서가 아닐까?

미주알고주알 노가리 깐다

'아주 사소한 일까지 샅샅이'라는 의미의 미주알고주알은 '미주알'과 '고주알'이 결합된 말이다. '미주알'은 항문에 닿아 있는, 창자의 끝부분을 뜻한다. '고주알'은 특별한 의미 없이 운韻을 맞추기 위해 덧붙인 말이다. '눈치코치'에서 '코치'나

'어중이떠중이'에서 '떠중이', '세월아 네월아'에서 '네월아'와 같다.

말을 많이 한다는 뜻으로 '노가리 까다'라고 이야기하기도 한다. 노가리는 명태의 새끼를 뜻한다. 명태 새끼와 말을 많이 하는 것은 무슨 관련이 있을까? 암컷 명태 한 마리는 산란기에 수십만 개의 알을 낳는다고 한다. 이렇게 많은 새끼를 까는 것을 보고 '말이 많을' 때 '노가리를 깐다'라고 하게 되었다.

노가리는 허무맹랑한 거짓말을 의미하기도 한다. 말을 많이 하다 보면 과장도 하고 허풍도 떨게 된다. 그러다 보면 진실이 아닌 이야기도 종종 섞이기 마련이다. '노가리 까다'에 '거짓말을 늘어놓다' '근거 없는 말을 많이 하다'라는 뜻이 담기게 된 까닭이다.

신체에서 온 말들

미주알고주알처럼 신체 부위를 이용한 표현들이 있다. '부아'가 대표적이다. '화가 나다' '화가 치밀다' 따위의 '화火'를 떠올려 '부화'로 잘못 쓰는 경우가 있다. 하지만 노엽거나 분할 때는 '부아가 나다(끓다)' '부아가 치밀어 오르다'라고 말한다.

부아가 뭘까? 폐(허파)를 다른 말로 부아라고 한다. 폐를 이르는 부아가 왜 노엽고 분한 마음이라는 의미로 쓰일까? 억울하거나 화가 나는 일을 당하면 혈압이 오르고 숨이 가빠진다. 폐가 긴장해 씩씩거리게 된다. 즉 부아가 끓어오르면서 숨을 가쁘게 몰아쉰다는 뜻일 테다.

　몸의 장기臟器를 빌려 말을 만든 사례는 많다. '환장하다' '한심하다' '간담이 서늘하다' 등은 모두 오장육부와 관련된 말들이다. 환장換腸은 내장이 뒤집힌다는 뜻이다. 한마디로 내장이 꼬인 상태다. 한심寒心은 차가운 심장이다. 간담肝膽은 간과 쓸개다.

말하기보다 잘 들어주기

　고아인 거지 소녀가 있었다. 사람들은 소녀를 좋아했다. 사람들은 소녀에게 찾아와 고민을 털어놓았다. 소녀는 충고도, 해결책도 주지 않았다. 그저 잘 들어주었다. 그럼에도 소녀에게 고민을 이야기한 사람들은 한결 편안한 얼굴로 돌아갔다. 소녀가 진심을 다해 들어주었기 때문이다. 잘 들어준 덕분에 소녀는 사람들에게 꼭 필요한 존재가 되었다. 미하엘 엔데의 소설《모모》의 주인공 이야기다. 고민으로 답답한 사람에게 최고의 배려는 '들어주기'가 아닐까?

사람들은 말 잘하는 사람보다 잘 들어주는 사람을 더 좋아한다. 심리학자 이민규는 끌리는 사람의 대화 비결로 '1:2:3 법칙'을 제시한다. 1분 동안 말을 했다면 2분 이상 상대방의 말에 귀를 기울이고 적어도 3번 이상은 상대의 말에 공감하는 리액션이 필요하다. 입을 꾹 닫고 듣기만 하는 것은 잘 듣는 태도가 아니다. 좋은 리액션은 적절한 질문을 던지는 것이다. 상대방이 기꺼이 말하고 싶도록 만드는 질문을 하면 된다.

소크라테스는 설득의 달인이었다. 입담이 좋았던 것은 아니다. 말투는 어눌했고 말을 더듬기도 했다. 그런 소크라테스가 설득의 달인이 된 비결도 '듣기'에 있었다. 소크라테스는 상대가 무슨 이야기를 해도 절대 반박하지 않았다. 모든 이야기를 기꺼이 받아들일 자세로 주의깊게 경청했다. 대신 이해가 안 되는 부분은 차분히 되물었다. 소크라테스의 물음에 답하는 과정에서 상대는 자기 말의 모순과 문제를 스스로 깨달았다. 그렇게 대화자들은 소크라테스에게 설득당했다.

조금도 양보할 기미 없이 자기주장만 내세우는 사람을 고집불통이라고 한다. 고집불통은 남의 의견에 전혀 귀기울이지 않는다. 철학자 이진경은 늙음을 "입력장치는 고장나고 출

력장치만 작동하는 상태"로 설명한다. 아무리 어려도 입력장
치가 잘 작동하지 않으면 애늙은이에 불과하고, 나이가 많아
도 입력장치가 잘 작동하면 청춘인 것이다. 새로운 생각을 받
아들이고, 새로운 것에 도전하며, 자기 삶을 새롭게 하는 사
람은 물리적 나이를 떠나서 여전히 젊다.

고통은 성장의 양념
미간

미간, 초미, 백미, 읍참마속, 발군, 군계일학, 낭중지추

모두가 고통을 꺼린다. 어떡해서든 고통을 피하려고 한다. 아프지 않으면 좋을 텐데, 인간은 왜 아파야 할까?

다큐멘터리 〈고통 없는 삶 A Life Without Pain〉(2005)은 전 세계에 200명밖에 없다는, 선천적으로 고통을 느끼지 못하는 어린이들의 모습을 보여준다. 고통을 느낄 수 없다면 과연 좋을까? 턱뼈가 부러져도 감염이 심해질 때까지 모르는 아이, 스스로 자기 눈을 찌르는 행동을 하는 아이, 주름 잡힌 살이 마음에 들지 않는다고 다리미로 지지는 아이. 만약 고통이 없다면 다큐멘터리 속 아이들처럼 자기 몸이 다치는지도 알지 못한 채 병들어갈지도 모른다. 〈고통 없는 삶〉은 고통이 얼마나 소중한 것인지 가르쳐준다.

고통은 살아가려면 치러야 하는 대가다. 아프기 때문에

우리는 주의하고 조심한다. 병 또한 마찬가지다. 고통은 더 큰 상해나 병의 악화 등을 막아주고 생존을 가능하게 해준다. 동물은 먹이를 찾아 이곳저곳으로 몸을 움직여야 생명을 유지할 수 있다. 만약 고통을 느끼는 능력이 없다면, 동물은 피해야 할 위험에 제대로 대처하지 못해 생존을 이어갈 수 없다. 인류가 고통을 느끼지 못했다면 진화 과정에서 진즉에 멸종했을 것이다.

눈썹에 불이 붙었다

두 눈썹 사이를 미간眉間이라고 한다. 눈썹을 뜻하는 미眉 자는 눈[目] 위쪽에 난 털의 모양을 본뜬 글자다. '미간을 찡그리다'는 얼굴을 찌그려 두 눈썹 사이에 주름이 지게 만드는 것이다. 사람들은 짜증이 나거나 싫은 티를 낼 때 미간을 찡그린다.

미간, 즉 얼굴에 불이 붙으면 매우 고통스러울 것이다. 눈썹에 불이 붙은 상황을 '초미焦眉'라고 한다. 매우 급한 경우를 이르는 말이다. 초미지급焦眉之急, 소미지급燒眉之急이라고도 한다. 보통 '초미의' 꼴로 쓰인다. '초미의 문제'라고 하면 매우 급하고 중요한 문제라는 뜻이다.

백미白眉라는 표현이 있다. 중국 삼국시대 촉한의 마씨 다섯 형제는 모두 훌륭하고 재주가 좋았다. 그중 흰 눈썹을 가진 넷째 마량이 특히 뛰어났다. 사람들은 마량을 '백미'라고 불렀다. 여기에서 유래한 백미는 '여럿 가운데 가장 특출난 사람'이라는 뜻을 갖게 됐다. '여럿 중에 뛰어난 사물이나 일'도 가리킨다. 참고로 큰 목적을 이루고자 아끼는 사람을 버리는 경우를 의미하는 '읍참마속'의 장본인 마속은 마량의 막냇동생이다.

뛰어난 사람들

백미처럼 뛰어난 사람을 가리키는 표현으로 발군, 군계일학, 낭중지추 같은 말이 있다.

발군拔群은 '무리[群] 가운데서 보통과 다르게 뛰어나다[拔]'는 뜻이다. 주로 '발군의'의 꼴로 쓰이는데, '발군의 실력' '발군의 기량' 등이 대표적이다. 닭의 무리[群鷄]에 있는 한 마리의 학[一鶴]을 뜻하는 군계일학群鷄一鶴도 많은 사람 중에서 앞서 있는 인물을 가리킨다. 평범한 닭들 한가운데에 한 마리 학이 고고하게 서 있다고 상상해보라.

낭중지추囊中之錐는 주머니 속[囊中]에 있는 송곳[錐]이라는 뜻이다. 재능이 뛰어난 사람은 어떤 것에 감춰지거나 숨어 있어도, 송곳이 주머니를 뚫고 보이는 것처럼 저절로 사람들에게 알려지기 마련이다.

고통의 의미

육체적 고통의 의미는 알겠지만, 정신적 고통의 의미는 뭘까?

"운명은 우리 인생의 일부이고, 고통도 마찬가지입니다. 인생에 의미가 있다면 고통에도 의미가 있습니다. 불가피한 고통이 눈앞에 있을 때 고통은 선택에 따라 의미 있는 것이 될 수 있습니다."

정신의학자 빅터 프랭클의 《그럼에도 삶에 '예'라고 답할 때》에 나오는 문장이다.

물론 고통을 겪는 모두가 현명해지는 것은 아니다. 경험하는 고통의 크기가 크다고 삶이 깊어지는 것도 아니다. 감당할 수 있는 역량보다 고통이 더 크고 심하면 그 고통에 휩쓸리게 된다. 배우려 하지 않는 자에겐 위대한 스승도 아무 소용없듯이, 고통을 직시하고 거기에서 배움을 얻으려 하지 않는 한 고통은 아무것도 가르쳐주지 않는다.

고통의 의미란 무엇일까? 가령 왕따 피해자가 있다고 해보자. 따돌림을 당하는 사람이 문제를 있는 그대로 직시할 수 있다면, 사태를 온전히 파악할 수 있다. 왕따 피해자가 쉽게 빠지는 함정 중 하나는 '내가 문제라서'라는 자기부정이다. 그러나 따돌림과 괴롭힘은 피해자의 문제가 아니다. 두려움을 뒤로하고 상황을 똑바로 보면 왕따가 생기는 교실과 마주서게 된다. 그래서 보다 본질적이고 구조적 문제를 간파해낸다. 결국 내 잘못이 아니라는 것을 알 수 있다.

간혹 왕따 피해자가 가해자로 둔갑하는 경우가 있다. 따돌림이 겁나기 때문에 다시는 왕따가 되지 않으려고 더 독한 가해자가 된다. 그러나 문제를 온전히 직시한 피해자는 나중에 악순환을 되풀이하지 않을 수 있다. 고통을 통해 삶과 세상에 물음을 던지는 순간, 이전의 나와 다른 새로운 내가 탄생할 수 있다.

성장이란 무엇일까? 사람은 어떻게 성장할까? 몸이 크는 성장 말고 마음의 성장 말이다. 결국 누구나 고통을 받고 상처를 입는다. 자신의 상처나 고통을 어떻게 받아들이고 의미화하느냐에 따라 성장은 결정된다. 위인과 범인의 차이는 거기에 있다. 모든 위인은 모진 고통을 겪었지만 절망하거나 포기하지 않았다. 오히려 고통과 상처 속에서 더욱 강해졌다.

뜨거운 불로 달궈지고 힘찬 망치질로 단련되지 않는 보검이란 없다. 어떤 시인은 종소리를 더 멀리 보내기 위해서 종은 아파야 한다고 말했다. 시인 칼릴 지브란도 《예언자》에서 "칼로 후벼파낸 바로 그 나무가 그대들의 영혼을 달래는 피리가 아닌가?"라고 반문한다. 고통스럽지 않으면 기억하지 못한다. 고통은 우리가 실수와 잘못을 반복하지 않게 만든다.

게으름이 부지런함을 이길 때
궁둥이

궁둥이, 엉덩이, 사타구니, 손살, 고살, 샅샅이

우리는 너무 바쁘다. 아침 일찍 시작된 일과는 늦은 밤까지 이어진다. 주중은 주중대로, 주말은 주말대로 바쁘다. 학교와 학원을 쳇바퀴 돌 듯 오가는 생활, 숙제와 시험 준비로 분주하다. OECD에서 발표한 2020년 기준 한국의 연간 노동 시간은 평균 1908시간이다. OECD 회원국 평균은 1687시간으로 우리는 평균보다 221시간 더 일하는 셈이다.

'잠들지 않는 도시'는 본래 미국 뉴욕을 가리키는 말이었지만, 지금은 불이 꺼지지 않는 여느 도시들을 지칭해도 손색이 없다. 카페, 노래방, 편의점, 헬스장, 영화관 등 많은 곳이 늦게까지 환한 조명을 켠 채로 운영된다. 집에서도 늦게까지 컴퓨터를 하고, 회사에서 끝내지 못한 일을 하느라 바쁘다. 24시간 쉼 없이 돌아가는 사회를 '24시간 사회'라고 한다.

'노느니 장독 깬다'라는 말이 있다. 노는 일이 장독을 부수는 것보다 못하다는 의미다. 과거에는 게으름이 악덕이었다. 지금도 부지런함을 긍정적으로, 게으름을 부정적으로 여긴다. 사회가 문제삼는 게으름은 누구의 게으름인가? 게으르다고 비난받는 사람은 누구인가? 가난한 사람의 게으름은 비난받지만, 부자의 게으름은 문제삼지 않는다. 옛날에도 하인의 게으름은 문제였지만, 주인의 게으름은 문제가 아니었다. 주인이 하인의 게으름을 꾸짖는 일은 있어도, 하인이 주인의 게으름을 지적하는 법은 없었다. '신성한 노동과 부도덕한 게으름'은 지배계급이 만들어 전파한 논리다.

철학자 버트런드 러셀은 《게으름에 대한 찬양》에서 일을 두 가지로 나눈다.

"먼저, 지표면 혹은 지표면 가까이 놓인 물질을 다른 물질과 자리를 바꿔놓는 일이다. 또 하나는 타인들에게 그런 일을 하도록 시키는 일이다."

앞의 일은 고되고 보수도 적다. 뒤의 일은 편하고 보수도 많다. 권력과 자본을 거머쥔 이들은 '근면하라, 절주하라, 먼 장래의 이익을 위해 장시간 일하려는 의욕을 가져라, 심지어는 당국에 순종하라'라고 말한다.

말에 깃든 신체

현대인의 일상은 의자든 바닥이든 엉덩이 붙일 새도 없이 바쁜 나날이다. 그런데 의자에 붙이는 것은 엉덩이일까, 궁둥이일까? 엉덩이와 궁둥이는 같은 말일까?

궁둥이를 써야 할 곳에 엉덩이를 쓰거나, 엉덩이를 쓸 자리에 궁둥이를 쓰는 경우가 많다. 궁둥이와 엉덩이는 엄연히 다른 신체 부위다. 허벅다리 위쪽으로 살이 볼록한 부분을 볼기라고 한다. 볼기를 기준으로 위쪽을 엉덩이, 아래쪽을 궁둥이라고 한다. 쉽게 말해 주사를 놓는 곳은 엉덩이, 앉았을 때 바닥에 닿는 부분은 궁둥이다. 엉덩이를 둔부라고도 한다.

두 다리 사이를 '샅'이라고 한다. '사타구니'는 '샅'에 '-아구니'를 결합한 말로 '샅'을 낮춰 말할 때 쓴다. 그러니까 사타구니와 샅은 같은 부위를 가리킨다. 이 '샅'은 씨름에서 다리와 허리에 둘러서 손잡이로 쓰는 '샅바'에서도 보인다.

'샅'은 본래 '두 물건 사이의 틈'을 뜻했다. 손샅은 손가락과 손가락 사이를 가리킨다. 시골의 좁은 골목길을 의미하는 '고샅'도 있다. '샅샅이'는 '틈이 있는 곳마다 빠짐없이 모두'라는 뜻을 지녔다. 낱낱이, 겹겹이, 틈틈이, 빽빽이, 일일이 등처럼 뜻을 강조하기 위해 같은 말을 반복한 것을 첩어라고 한다. '샅샅이'도 '샅샅'이란 첩어에 접미사 '-이'가 붙은 것이다.

첩어 중 '나날이' '다달이'는 '날+날' '달+달'의 형태다. 준첩어도 있다. '허둥지둥, 알콩달콩, 올망졸망, 그냥저냥, 이냥저냥, 이리저리, 이쪽저쪽, 갈팡질팡, 애면글면, 이렁쿵저렁쿵'같이 발음이나 뜻이 비슷한 말이 합쳐진 것을 준첩어라고 한다.

게으름과 부지런함의 조화

"처칠은 아침에 일찍 일어나지 못하는 게으른 사람입니다. 저렇게 게으른 사람을 의회에 보내서야 되겠습니까?"

윈스턴 처칠 전 영국 수상이 하원의원 후보로 처음 출마했을 때 상대 후보가 공격한 내용이다. 처칠은 아무리 급한 일이 있어도 낮잠은 꼭 잤다고 한다. 독일군의 폭격으로 소란스러워도 개의치 않았다. 게다가 하루도 거르지 않고 위스키를 즐겼다. 그러나 게으르면서도 할일은 다 했다.

게으름은 창조의 원천이 되기도 한다. 손으로 글자를 베껴 쓰는 것을 귀찮아했던 구텐베르크는 활자를 발명했다. 일일이 끈을 묶는 것이 귀찮았던 위트콤 저드슨은 지퍼를 발명했다. 몸이 뚱뚱했던 저드슨은 아침마다 허리를 숙여서 신발끈을 매야 하는 것이 몹시 번거로웠다. 어떤 의미에서 구텐베르크와 저드슨은 게으름뱅이였던 것이다. 게으른 그들 덕분에 세상은 더 발전했고 편리해졌다.

게으름이 좋다는 것이 아니다. 부지런함과 게으름은 조화를 이뤄야 한다. 사람은 일만 할 수 없기 때문이다. 일하는 보람과 즐거움이 있다면, 쉬는 여유와 노는 재미도 있어야 마땅하다.

"사람은 일하기 위해서 이 세상에 태어났다. 모든 사람은 자기 능력에 맞게 자기가 하고 싶은 일을 할 때 가장 빛난다. 그러나 일만 알고 휴식을 모르는 사람은 브레이크가 없는 자동차와 같이 위험하기 짝이 없다."

포드 자동차의 창설자 헨리 포드가 한 말이다. 놀이와 휴식은 창조와 생산의 원동력이다.

분주한 삶은 속도만 있고 방향이 없는 삶일 수 있다. 바쁘다 보면 목적지는 물론이고 자신을 잃어버리기 쉽다. 자신을 돌아볼 여유가 필요하다.

5장

**나는 과연
어떤 사람일까?**

쓴잔 한 번으로 인생이 끝나진 않아
고배

고배, 함박눈, 함박웃음, 수작, 고주망태

실패 없이 성공한 사람이 많을까? 그렇지 않다. 살면서 실패를 겪지 않는 사람은 없다. 모든 성공은 실패를 딛고 얻어진다. '실패는 성공의 어머니'라는 말은 괜히 나온 게 아니다. 누구나 입학시험에 떨어지고 공모전에 낙방하고 연애나 결혼 생활, 사업 등에서 실패를 경험하기 마련이다.

J. K. 롤링의 베스트셀러 《해리 포터》 시리즈는 하마터면 아무도 모르게 묻힐 뻔했다. 처음에 여러 출판사에서 거절했기 때문이다. 마르셀 프루스트의 《잃어버린 시간을 찾아서》역시 갈리마르 출판사에 원고를 보냈다가 거절당했다. 귀스타브 플로베르의 《보바리 부인》도 이런저런 이유로 출판 부적격 판정을 받고 외면받았다.

"내가 젊었을 때 내가 한 일의 90퍼센트는 실패로 돌아갔기에 나는 열 배 더 노력했다."

소설가 조지 버나드 쇼가 한 말이다. 앞의 작가들도 실패를 거울삼아 더욱 정진했을 것이다.

실패의 쓴잔

고배苦杯는 쓴 술이 들어 있는 잔을 뜻한다. 한마디로 쓴잔이다. 실패와 같은 쓰라린 경험을 비유할 때 사용기도 한다. 흔히 '고배를 마시다'라고 표현한다. '낙선의 고배를 마셨다'처럼 쓴다.

'대통령 배' '시장 배' '총장 배' 같은 말을 들어봤을 것이다. 여기서 배는 컵(트로피)을 뜻한다. 한자로 잔 배杯다. '구청장 기' 같은 말도 있다. 구청장의 이름을 내건 기(깃발)를 놓고 겨루는 대회를 뜻한다.

함박눈, 함박웃음 등은 그릇과 관련된다. 함박은 함지박을 줄인 말이다. 함지박은 통나무의 속을 파서 바가지처럼 만든 그릇이다. 바가지는 '박'에 '작은 것'이라는 의미의 접사 '아지'를 붙인 말이다. 보통 바가지는 박을 반으로 잘라서 속을 파낸 후 삶고 말려서 만든다. 박으로 만들 수 없는 아주 큰 바가지는 통나무로 만드는데, 그게 함박 또는 함지박이다.

함박은 '한박', 즉 '큰 박' 또는 '큰 바가지'에서 왔다. 함박과 쪽박은 반대 개념이다. 쪽박은 작은 바가지다. '함박'이 쓰인 단어로 '함박눈' '함박웃음' 등이 있다. 함박눈은 굵고 탐스럽다. 눈송이가 함박꽃 송이처럼 크고 보기 좋다는 뜻에서 그렇게 이름이 붙었다. 함박웃음 역시 활짝 웃는 모습을 함박꽃에 빗댄 표현이다. 함박꽃은 다른 말로 '작약'이라고도 한다.

술잔을 따르며

수작酬酌은 본래 술잔을 주고받는다는 뜻이었다. 의미가 확대돼 '서로 말을 주고받음, 혹은 그 말'이라는 뜻이 됐다. 그런데 그 말이 긍정적이지는 않다. '수작을 부리다' '수작에 넘어가다' 등은 모두 부정적 맥락에서 쓰인다. 술을 마시며 이야기하다 보면 이 얘기 저 얘기 말이 많아진다. 문제는 과장이나 허풍, 횡설수설도 늘어난다는 점이다. 즉 술에 많이 취해 주고받은 대화는 의미 없는 대화가 될 수 있다. 그래서 '개수작'이라는 말도 있다. 개수작은 이치에 맞지 않아 쓸모나 득이 될 것이 없는 말이나 행동을 가리킨다.

술에 많이 취한 상태를 고주망태라고 한다. 고주망태의 '주'를 '술 주酒'로 지레짐작하겠지만 그렇지 않다. 옛말 '고조'

가 변한 '고주'는 술을 거르거나 짜내는 틀을 가리킨다. 지금은 '술주자'라고 부른다. 망태는 망태기의 준말이다. 보통 고주 위에 망태기를 올려놓고 술을 거른다. 고주에 놓인 망태기는 언제나 술에 절어 있기에 고주망태란 말이 나왔다.

해가 지면 별이 뜬다

많은 사람이 '한 방'을 꿈꾼다. 그러나 인생에 한 방 같은 것은 없다. 있다고 해도 매우 드물다. 가능성이 극히 낮은 한 방에 인생을 걸지 말고, 한 방은 없다고 생각하면서 묵묵히 최선을 다해야 한다. 스위스 철학자 헨리 프레데리크 아미엘은 "1000걸음 나아가다 999걸음 물러나는 것, 그것이 바로 전진이다"라고 했다. 그렇게 조금씩 앞으로 나아가는 게 인생이다.

꿈 같은 기적은 꿈을 꾸면서 끊임없이 실패하는 사람에게 일어난다. 더 많이 실패해야 더 크게 성공할 수 있다. 우리는 그 사실을 발명왕 에디슨을 통해 확인할 수 있다. 에디슨은 "나는 실패한 것이 아니라 아직까지 작동하지 않는 만 가지의 실험을 시도했을 뿐"이라고 말했다. 수많은 실험 실패는 놀라운 발명품을 세상에 내놓는 토대가 되었다.

KFC 매장 입구에는 환한 미소로 손님을 맞이하는 백발의 할아버지 모형이 있다. KFC의 창업자 할랜드 데이비드 샌더스다. 그는 새아버지의 폭력에 못 이겨 열세 살에 집을 나와 군인, 철도원, 식당 주인 등 여러 직업을 전전했다. 그러나 하는 일마다 실패했다. 65세에 식당 문을 닫고 새로운 요리법 개발에 매진했다. 그리고 요리법을 팔기 위해 영업에 나섰다. 1009번을 거절당한 끝에 한 업체와 계약을 맺었다.

실패는 끝이 아니라 시작이다. 인도 시인 타고르는 "태양을 잃었다고 울지 마라, 눈물이 앞을 가려 별을 볼 수 없게 된다"라고 했다. 태양이 사라져도 별들은 반짝인다. 실패 뒤에도 무수한 가능성이 별처럼 반짝거리고 있다. 주저앉아 울고만 있으면 그 가능성을 볼 수 없다.

실패했다고 포기하면 그것으로 끝이다. 철학자 니체는 "시작하지 않으면 아무것도 시작되지 않는다"고 했다. 무엇이든 시도하면 성공이든 실패든 할 수 있지만, 아무것도 시도하지 않으면 실패조차 할 수 없다. 아무것도 하지 않으면 아무 일도 일어나지 않는다.

무엇을 위해 그리 바쁘게 사는 걸까?
박차

박차, 한참, 삽시간, 별안간, 순식간, 순간

늦은 어부가 따스한 햇볕을 쬐며 한가롭게 낮잠을 자고 있었다. 지나가던 사람이 어부를 깨웠다. 해가 중천에 떠 있는데도 잠만 자는 어부가 이상했던 것이다.

"할아버지, 고기잡이 안 나가세요?"

어부가 슬며시 눈을 뜨며 말했다.

"새벽에 이미 갔다 왔지."

"낮에 한 번 더 다녀오셔도 되겠네요."

"그렇게 고기를 많이 잡아 뭐 해?"

"그럼 저 낡은 고깃배를 새 배로 바꿀 수 있잖아요."

"새 배로 바꿔서 뭐 하게?"

"더 많은 물고기를 잡지요."

어부는 도통 모르겠다는 표정을 지었다.

"그래서?"

"돈을 많이 벌어 여러 척의 배를 사고 사람도 고용할 수 있지요."

"그렇게 많이 벌어서 뭐 하려고?"

"냉동창고도 짓고 생선 가공공장도 세워서 큰돈을 벌 수 있지요."

"그러고 나면 뭘 하지?"

"아, 그렇게만 되면 할아버지는 더 이상 일하지 않아도 되죠. 햇살 아래서 편안하게 낮잠을 잘 수 있지요. 저 멋진 바다를 즐기면서."

"지금 내가 그렇게 살고 있다네."

작가 하인리히 뵐이 까닭도 모른 채 바쁘게만 살아가는 우리에게 들려주는 이야기다.

내 인생에 박차를

우리는 일상에 박차를 가하며 하루하루 바쁘게 살아간다. '박차拍車'는 말을 탈 때 신는 구두의 뒤축에 달린 물건이다. 박차 끝에 있는 톱니바퀴로 말의 배를 차면 말이 더욱 빨리 달린다. 그러므로 '박차를 가하다'는 달리는 말에 채찍질을 해서 더 빠르게 뛰도록 하는 것과 같이, 일을 촉진하려고 더하는 힘을 뜻한다. 한자성어 '주마가편走馬加鞭'과 같은 뜻이며, 달리 표현하자면 '속도를 올리다' '가속페달을 밟는다' 등으로 쓸 수 있다.

시간과 관련된 표현 중에 '한참'이 있다. '한'은 '하나'이고 '참'은 한자로 '역마을 참站'이다. '참'은 역참驛站을 가리킨다. 그러니 '한참'은 본래 '하나의 역참'이란 뜻이다. 한참은 두 역 사이의 거리인 25리(=약 10킬로미터)를 나타내는 말이었다.

오늘날처럼 통신이 발달하지 않은 옛날에는 지방에 연락하려면 사람이 직접 가야 했다. 며칠씩 걸리는 장거리일 경우, 중간에 쉬거나 말을 갈아탈 수 있도록 일정 거리마다 역참을 두었다. 한참은 바로 여기서 나온 말이다. 그러다 그 의미가 말을 타고 두 역참 사이를 주파하는 시간으로 확대됐다. 한 역참에서 다른 역참까지의 거리가 꽤 멀었기 때문에 '시간이 오래 걸리다'라는 뜻이 된 것이다. 거리상 개념이 시간상 개념으로 바뀐 사례다.

삽시간霎時間에서 '삽'은 '지나가는 비', 또는 '잠시'나 '잠깐'이라는 뜻으로 사용된다. 즉 삽시간은 '지나가는 비가 잠시 내리는 동안'이라는 의미를 지닌 말이다. 별안간은 한자로는 깜짝할 별瞥, 눈 안眼, 사이 간間으로 이루어진 말로, 풀이하자면 '눈 깜짝할 사이'란 뜻이다. 비슷한 말인 순식간瞬息間은 눈 한 번 깜박하고[瞬] 숨 한 번 쉬는[息] 동안이라는 뜻이다. 그렇다면 순간瞬間은? 역시 눈 한 번을 잠깐 감았다 뜰 만큼의 동안이다.

돈을 벌고 시간을 잃다

우리는 행복하려고 돈을 버는데, 어느 순간 돈을 위해 행복을 포기하는지도 모른다. 독일 작가 미하엘 엔데의 《모모》에 나오는 사람들처럼 말이다. 《모모》의 부제는 '시간을 훔치는 도둑과, 그 도둑이 훔쳐간 시간을 찾아주는 한 소녀에 대한 이상한 이야기'다. 소설 속 마을 사람들은 더 부유하게 살려고 회색 신사들에게 자신의 시간을 판다. 하지만 경제적으로 풍족해지는 만큼 시간은 점점 줄어든다. 바로 풍요의 역설이다. 경제적으로 더 풍요로워진 대신에 생활은 더욱 바빠지고 삶은 더 팍팍해진다.

"100년 뒤에는 지금보다 여덟 배 이상 잘살게 될 것이다. 사람들은 일주일에 열다섯 시간만 일하면 된다. 모든 것이 풍요롭기에 돈에 욕심을 부리는 자들은 비난받을 것이다."

1930년 경제학자 케인스가 예상한 미래의 모습이다. 그의 예언대로 경제는 성장했지만, 노동시간은 줄지 않았다. 미하엘 엔데는 이런 말을 하기도 했다.

"나누지 않으면 나를 망하게 하는 재산이 두 가지 있다. 그것은 바로 행복과 시간이다."

돈을 버는 데 매달리느라 정작 소중한 이들과 행복한 시간을 함께 보내지 못한다면, 그것은 자신을 망치는 일이라는 것이다.

소중한 사람과 일상을 살피며 더 밀도 있게 시간을 써야 하지 않을까? 부모님과 같이 있을 수 있는 하루, 가족과 웃으면서 하는 식사, 가족 여행, 벚꽃을 볼 수 있는 봄날⋯. 사소한 일들이지만 언제까지나 할 수 있는 것은 아니다. 수십, 수백 번의 기회가 남았다 해도 그 기회는 유한하며, 시간이 갈수록 점점 줄어든다. 무심코 하던 일들을 잠시 멈추고 그 일을 앞으로 몇 번이나 더 할 수 있는지 세어보자. 남은 기회를 헤아려봄으로써 그 일을 대하는 태도를 바꿀 수 있다. 이를 '남은 날을 세는 지혜 wisdom to number our days'라고 한다.

우리는 돈을 많이 벌어 '잘살겠다'고 말하지만, 생각해보면 돈 버느라 '잘 살지' 못할 때도 많다. 아등바등 바쁘게만 사는 건 아닌지 돌아볼 필요가 있다. 돈을 벌려고 시간을 쓸 수는 있지만, 돈으로 시간을 살 수는 없는 법이다.

"남보다 느리게 걷기에 슬라이드 필름처럼 더 많은 세상이 보였다."

소아마비 때문에 평생 목발을 짚고 살았던 수필가 장영희가 남긴 말이다.

내 안의 온기를 끌어올리기
섭씨

섭씨, 화씨, 수은주, 시금석, 옥석, 도태

추운 겨울, 옷깃을 단단히 여민다. 보일러가 고장난 집 안에서 이불을 끌어당겨 얼굴까지 덮는다. 우리를 추위로부터 지켜주는 것은 외투와 이불일까? 얼핏 생각하면 그런 것 같지만, 사실 우리를 따뜻하게 해주는 것은 우리 자신이다. 내몸에서 나온 열기가 나를 추위에서 보호해준다. 외투와 이불은 그 온기가 밖으로 빠져나가지 못하도록 막아주는 역할을 할 뿐이다.

따뜻함은 밖이 아니라 내 안에서 나온다. 이때 따뜻함은 체온만을 의미하지 않는다. 내면의 힘, 인간적 온기, 포기하지 않는 열정 등을 가리키기도 한다. 영화 〈오즈의 마법사〉에서 도와달라는 도로시의 요구에 착한 마녀는 이렇게 말한다.

"넌 도움이 필요 없단다. 넌 언제나 캔자스로 돌아갈 힘이 있었어."

"제가요?"

그렇다. 도로시에게는 돌아갈 힘이 있었다. 단지 그 사실을 몰랐을 뿐이다.

섭씨와 화씨

온도를 나타내는 단위로 섭씨와 화씨가 있다. 재미있는 점은 섭씨와 화씨에서 '씨'가 온도와는 아무 상관이 없는 말이라는 사실이다.

섭씨는 물이 어는점을 0도, 끓는점을 100도로 하여 그 사이를 100등분한 온도 단위다. 1742년 스웨덴 물리학자 셀시우스Celsius가 제안했다. 섭씨라는 명칭은 셀시우스의 이름에서 유래한다. 이 개념이 중국(청나라)에 들어올 때 셀시우스가 섭이사攝爾思로 음역돼 섭씨라는 이름을 얻게 됐다. 섭이사라는 이름에서 '섭'을 성姓처럼 떼어낸 다음에 '씨氏'를 붙여 만든 말이 섭씨다. 박씨, 최씨 하듯 섭씨라고 한 것이다. 단위 ℃는 Celsius의 첫 글자에서 따왔다.

전 세계적으로 섭씨를 더 널리 쓰지만, 미국 등 일부 국가에서는 섭씨 대신 화씨를 쓰고 있다. 화씨는 300년쯤 전 독일 물리학자 파렌하이트Fahrenheit가 고안했다. 파렌하이트가 중국어 화륜해華倫海로 음역된 데서 화씨라는 말이 생겨났다. 섭씨와 마찬가지로 '화'에 '씨'를 붙여 만든 말이다. 단위 °F는 Fahrenheit의 첫 글자다.

'찬바람에 수은주가 내려갔습니다'라고 말하곤 한다. 눈금이 그려진 온도계에는 빨간 수은이 담긴 관이 있다. 수은주水銀柱는 '수은 기둥'이란 뜻이다. 수은은 기온 변화에 따라 팽창과 수축을 하기 때문에 온도를 재는 데 사용된다. 수은은 섭씨 357도에서 끓고 영하 39도에서 굳기 때문에 웬만한 기상조건에서도 온도를 잴 수 있다.

시금석試金石은 금의 순도를 판정하는 데 사용하는 검은색의 암석을 말한다. 금 조각을 이 돌의 표면에 문질러 나타난 빛깔과 표본의 금 빛깔을 비교해 금의 순도를 결정한다.

'옥석을 가리다'에서 옥석玉石은 옥과 돌이다. 좋은 것과 나쁜 것을 함께 이르는 말이다. 비슷한 말로 '도태'라는 단어가 있다. 도태淘汰·陶汰는 쌀알을 물에 넣고 일어서 좋은 것만 골라내고 필요하지 않은 것은 버린다는 뜻이다. '경쟁에서 도태하다'처럼 쓴다.

가능성은 내 안에서

크기가 2밀리미터인 벼룩은 20센티미터까지 뛰어오른다. 자기 몸의 100배를 점프하는 것이다. 사람으로 치면 키가 160센티미터인 사람이 160미터를 점프하는 셈이다. 그런 벼룩을 납작한 컵 안에 며칠간 가두어보자. 밖으로 나온 벼룩은 컵 높이 이상으로 뛰지 못한다.

서커스 코끼리들도 비슷하다. 코끼리를 묶은 밧줄은 생각보다 가늘다. 가는 밧줄을 단숨에 끊을 수 있을 것 같은 코끼리들은 전신이 쇠사슬에라도 묶인 듯이 도망갈 엄두를 내지 못한다. 오랫동안 밧줄에 묶인 탓이다. 이를 '학습된 무기력'이라 부른다.

두려움을 떨쳐내고 자기 안에 숨겨진 힘과 가능성을 믿고 살아갈 수는 없을까? 그리스 신화에서 피그말리온은 자신이 상아로 조각한 여인상이 너무 아름다워, 이 조각상을 마치 살아 있는 연인처럼 정성을 다해 보살핀다. 마침내 조각상이 사람으로 변하는 기적이 일어나고 사랑이 이루어진다. 어떤 사람에 대한 깊은 믿음과 기대가 그를 긍정적으로 바꾸는 것을 심리학에서는 '피그말리온 효과'라고 부른다. 친구들에게서 따돌림을 당하고 엉뚱한 실수를 저지르기 일쑤인 레오나르도 다빈치에게 그의 할머니는 항상 이렇게 말했다.

"넌 무슨 일이든 해낼 수 있어. 할머니는 너를 믿는다."

정말 기대한 대로 사람이 변할 수 있을까? 하버드대의 심리학과 교수 로버트 로즌솔은 피그말리온 효과가 학생들의 태도뿐만 아니라 IQ까지 바꿀 수 있다는 사실을 증명했다. 그는 초등학교 교사들에게 여러 가지 심리검사에서 잠재력이 뛰어나다고 확인된 학생들이라면서 명단을 건넸다. 그리고 이 사실을 학생과 부모에게 알리지 말라고 단단히 일렀다. 사실 그 명단은 심리검사와는 상관없이 무작위로 작성됐다.

결과는 놀라웠다. 1년 후에 학생들을 평가해보니 1학년의 경우 잠재력이 뛰어나다고 기대됐던 아이들은 IQ가 무려 24점이나 올랐다. 대인관계 등 학교생활 전반에 긍정적인 변화도 뚜렷하게 나타났다. 로즌솔 교수는 실험 결과를 "우수하다고 기대하면서 가르치면 결국 우수하게 성장한다. 교사는 마음으로 학생들을 조각하는 교실 안의 피그말리온이다"라고 요약했다.

나도 나쁜 사람이 될 수 있어
어이없다

어이없다, 터무니없다, 삿대질, 장님

어느 날 식당으로 경찰의 전화가 걸려왔다. 경찰은 식당 종업원이 손님의 돈을 훔쳤다면서 매니저에게 이상한 지시를 내렸다. 미성년자인 여성 종업원을 상대로 변태적인 행동을 시켰다. 매니저는 말도 안 되는 경찰 지시를 따랐다. 그런데 실제로 경찰은 없었다. 어떤 변태가 전화로 못된 장난을 친 것이다. 2004년 미국에서 실제로 벌어진 사건이다. 2012년에 〈컴플라이언스〉라는 영화로 제작되기도 했다. 정말 황당하고 어이없는 사건이다. 식당 매니저는 전화 한 통에 왜 그런 행동을 했을까?

1961년 예일대의 스탠리 밀그램이 진행한 실험이 있다. 밀그램은 사람들이 파괴적인 복종에 굴복하는 이유가 성격보다 상황에 있다고 믿었다. 실험은 바로 이 지점에서 시작됐다. 밀그램은 실험 참가자들을 교사와 학생 역할로 구분했다. 교사는 학생에게 한 쌍의 단어를 기억하게 하고, 학생이 오답을 말할 때마다 전기 충격을 가해야 했다. 전기 충격은 15볼트씩 단계적으로 높아져 최대 450볼트까지 이를 수 있었다.

실험이 시작되기 전 밀그램은 150볼트 이상으로 전압을 높여야 할 상황이 되면 대부분의 실험 참가자가 이를 거부할 걸로 예상했다. 2퍼센트의 참가자만 450볼트까지 전기 충격을 가할 거라고 가정했다. 심리 치료사들에게 설문 조사한 결과도 비슷했다. 대부분 마지막 단계까지 전기 충격을 가할 사람은 1000명 중에 한 명일 거라고 예상했다. 그러나 실험 결과는 충격적이었다. 실험 참가자 중 무려 65퍼센트가 450볼트까지 전압을 높였다. 그리고 실험 참가자 전원이 300볼트까지 전압을 올렸다.

실험이 진행되는 동안 실험 관리자는 선생 역할의 참가자 옆에 앉아 '걱정 말고 계속하세요. 책임은 내가 집니다'라고 말하며 전기 충격을 독려했다. 관리자는 일종의 권위자 역할을 맡고 있었다. 처음 15볼트에선 벽 너머에서 들리는 가벼운 비명소리에 키득키득 웃는 사람이 많았다. 그러다 전압이 90볼트를 넘어가면서 다들 이상하다는 표정을 지었다. 대부분의 실험 참가자가 못하겠다고 말했지만, 실험 관리자는 차가운 목소리로 독려했다.

실험 참가자 전원이 300볼트까지 전압을 올렸다는 사실이 놀랍고 어이없다. 실험에 참가했던 이들은 그저 평범한 대학생이었다. 밀그램 실험은 권위에 복종하는 평범한 사람이 얼마나 위험해질 수 있는지 보여준다.

어이가 없네

"맷돌 손잡이 알아요? 어이라고 그래요. 맷돌에 뭘 갈려고 집어넣고 맷돌을 돌리려고 하는데 손잡이가 빠졌네? 이런 상황을 어이가 없다 그래요. 황당하잖아. 아무것도 아닌 손잡이 때문에 해야 될 일을 못하니까. 지금 내 기분이 그래. 어이가 없네."

영화 〈베테랑〉(2015)에서 재벌 3세 조태오의 대사다. 어이는 정말 맷돌의 손잡이일까? 민간 어원일 뿐 학문적으로 정확하게 밝혀진 바는 없다.

'어이'는 혼자 쓰이지 않고, 주로 '-없다'와 결합해 사용된다. 비슷한 의미와 형태를 가진 표현이 더 있다. '터무니없다'가 그것이다. '터무니없다'는 흔히 어떤 사람이 근거나 이유가 없는 행동을 하거나, 상대의 말이나 행동이 허황하고 엉뚱

해서 좀처럼 믿을 수 없을 때 쓰는 표현이다. 여기서 '터무니'는 순우리말로, 이 중 '터'는 집이나 건축물을 세운 자리를 뜻한다. '무니'는 흔적을 의미하는 '무늬'라는 설도 있긴 한데, 정확한 어원은 밝혀지지 않았다. 여하튼 '터를 잡은 흔적'인 터무니를 보면 그 자리에 집이나 건물이 있었다고 생각해볼 수 있다. 그 의미가 확장돼 지금은 타당한 근거나 이유를 뜻하는 말로 쓰이게 된 것이다.

이왕 맷돌 손잡이가 나왔으니까 '나무 막대'와 관련된 단어를 더 살펴보자. 삿대질에서 삿대는 배질을 할 때 사용하는 기다란 막대를 뜻한다. 상앗대라고도 한다. 삿대질은 배를 대거나 띄울 때, 또는 물이 얕은 곳에서 배를 밀어 나가는 것을 가리킨다. 말다툼을 하면서 주먹이나 손가락을 상대편 얼굴 쪽으로 뻗을 때 '삿대질한다'라고 표현하기도 한다. 삿대를 휘젓듯이 손을 뻗치는 데서 유래한 말이다. 장님에서 '장'도 지팡이를 뜻하는 '장杖'이다. 장님은 앞을 못 보는 사람을 지팡이에 비유한 말이다. 장님은 '시각장애인'을 낮잡아 지칭하는 말이라 되도록 쓰지 않는 게 좋다.

악의 평범성

밀그램 실험에서 참가자들이 보인 어이없는 행동은 실험자의 권위에 복종한 결과다. 평범한 사람도 특정한 상황에서 끔찍한 일을 저지를 수 있다. 밀그램의 실험을 통해 권위를 그대로 좇는 평범한 사람들이 유태인 학살 같은 끔찍한 일에 동참할 수 있다는 사실이 확인된다. 밀그램은 이 연구의 후원자들에게 보내는 편지에서 이렇게 썼다.

"얼마 전 제가 순진했을 때만 하더라도, 독일처럼 국가 차원의 죽음의 수용소를 만들 만큼 도덕성이 결여된 사람들을 미국 내에서 찾을 수 있을까 의문스러웠습니다. 하지만 지금은 어느 곳을 뒤져도 그 인원을 채울 수 있다고 생각합니다."

지극히 평범한 사람들이 끔찍한 일을 저지를 수 있다. 작가 프리모 레비는 《이것이 인간인가》에서 "괴물들은 존재하지만 그 수는 너무 적어서 우리에게 별 위협이 되지 못한다. 일반적인 사람들, 아무런 의문 없이 믿고 복종할 준비가 되어 있는 기술자들이 훨씬 더 위험하다"라고 말했다. 철학자 한나 아렌트는 '악의 평범성 the banality of evil'이라는 말을 했다. 쉽게 말해 누구나 악을 저지를 수 있다는 것이다.

괴물이나 악마가 있어서 악을 행하는 게 아니다. 프리모 레비가 말한 "아무런 의문도 제기하지 않은 채 정부의 말을 그대로 믿고 행동하는 사람", 다시 말해 그런 평범한 사람들이 악행을 저지른다. 실제로 제2차 세계대전이 끝나고 나치 전범들은 다양한 심리검사를 받았다. 그런데 충격적인 결과가 나왔다. 그들은 정신적으로 별다른 이상이 없었다. 수많은 사람을 학살한 장본인들인데도 말이다. 이것이 바로 악의 평범성이다. 우리에게 절실히 필요한 삶의 자세는 "누구의 부하도 되지 않고 누구도 부하로 두지 않는" 태도 아닐까? 일본 철학자 사사키 이타루의 《잘라라, 기도하는 그 손을》에 나오는 구절이다.

때로는 말이 생각을 결정하지
결정 장애

결정 장애, 연애 고자, 선택 장애, 감정 불구, 고무, 변죽

언어가 우리의 인지와 사고를 결정한다는 이론적 견해를 일컬어 '언어 결정론'이라고 한다. 쉽게 말해 언어가 인간이 생각하는 방식을 좌우한다는 관점이다. 언어학자 벤저민 리워프는 '빈 가스 드럼통' 사례를 제시한다. 공장에서 화재가 나는 주된 원인 중 하나는 부주의한 흡연이다. 빈 가스 드럼통이 안전하다고 여기고 그 근처에서 담배를 피우다 불을 내곤 한다. 워프는 그 이유를 '빈empty'이라는 단어에서 찾았다. 실제로 빈 가스 드럼통은 바닥이 드러났다고 해도 내부에 가연성 물질이 남아 있을 수 있다. 즉 빈 가스 드럼통에서 얼마든지 큰불이 생길 수 있음에도 사람들은 '비었다'는 말을 곧이곧대로 받아들여 안전하다고 착각하는 것이다.

은근한 차별 표현

'연애 고자'라는 말이 있다. 고자鼓子의 고鼓는 북을 가리 킨다. 고자는 빈 북처럼 고환이 없는 사람이라는 뜻이다. '결 정 장애' '선택 장애' 같은 표현은 뭔가를 정하고 택해야 하는 상황에서 선뜻 결론을 내지 못하는 상태를 '장애'로 표현하고 있다. '감정 불구'라는 말도 있다. 감정을 제대로 느끼지 못하 는 상태를 '불구'로 나타낸 표현이다. 이런 말속에는 '장애'에 대한 부정적인 편견이 담겨 있다.

비유적으로 쓰는 '눈뜬장님'이나 '꿀 먹은 벙어리' '절름 발이 책상' 같은 표현도 장애인을 비하하는 표현이다. '눈뜬 장님'은 무엇을 보고도 그것을 제대로 파악하지 못하는 사람 을 일컫는다. '꿀 먹은 벙어리'는 생각을 말로 표현하지 못하 는 사람을 비유하는 말이다. 한쪽 발이 온전하지 못한 책상을 '절름발이 책상'이라고 한다.

모두 장애인을 비하하는 관용 표현이다. 무심코 내뱉는 이런 말들이 장애인에게는 상처가 될 수 있다. 장님, 벙어리, 절름발이 대신 시각장애인, 언어장애인, 지체장애인이라고 표현해야 한다.

"가진 것이 망치뿐이면 모든 것이 못으로 보인다."

미국 심리학자 에이브러햄 매슬로가 한 말이다. 혐오의

관점에 젖어 있는 사람은 무엇이든 나쁘게만 본다. 언어가 모든 것을 결정하진 않겠지만, 말을 통해 사고 전환의 계기를 마련해야 할 이유다.

북 치고 장구 치고

'고무鼓舞'는 북[鼓]을 치고 춤을 춘다[舞]라는 뜻의 말이다. 북소리는 마음을 울린다. 잔칫집의 북소리는 흥을 돋우고, 전쟁터의 북소리는 투지를 끌어올린다. 그래서 고무는 '힘을 내도록 격려하고 응원해 의지와 용기를 북돋움'이라는 의미로 쓰인다.

'북 치고 장구 치다'라는 속담이 있다. 원래 북을 치는 사람과 장구를 치는 사람은 따로 있다. 그런데 한 사람이 북도 치고 장구도 치는 상황이다. 즉 혼자서 이런 일 저런 일을 전부 처리하는 상황을 '북 치고 장구 치다'라고 한다.

'변죽'이란 그릇이나 물건의 가장자리를 가리키는 말이다. '변죽을 울리다'라는 말은 가장자리를 쳐서 한복판을 울리게 하는 데서 왔다. 직접 말하지 않고 둘러서 말해 짐작하게 만들 때 쓴다.

차별과 혐오에 맞서

한국 사회에서는 공짜 밥♦을 먹는다고 '급식충'이, 자기 아이를 애지중지한다고 '맘충'이, 연금으로 생활한다고 '연금충'이 된다. 이러한 범주들에서 완벽히 자유로운 사람이 얼마나 될까? 인종과 성별을 불문하고 누구나 혐오의 잠재적 표적이 될 수 있다. 모두가 차별과 혐오의 피해자가 될 수 있으며 또 누구나 가해자가 될 수 있다. 아무도 자유롭지 않은 것이다. 피해자이면서 가해자이고, 가해자이면서 피해자일 수밖에 없는 혐오의 시대다.

철학자 루트비히 비트겐슈타인은 《문화와 가치》에서 "언어란 행위다Words are deeds"라고 했다. '언행일치' 같은 표현에서 보듯 우리는 말과 행위를 나누어 생각하지만, 말 또한 하나의 행위로 볼 수 있다. 우리는 '말'을 통해 많은 것을 '한다'. 반가움을 표시하고 감사를 나타내고 사랑을 표현한다. 누군가를 차별하고 억누르기도 한다. 이 모두가 하나의 행위로서 말을 보여준다. 말은 말에서 끝나지 않고 실질적인 영향을 미친다. '말이 씨가 된다'라는 속담도 그런 점에서 음미해볼 만하다.

♦ 무상 급식을 '공짜 밥'으로 부르기도 하지만, 사실 공짜 밥이 아니다. 부모들, 즉 국민이 낸 세금으로 제공되는 '보편 급식'이다.

영화 〈컨택트〉(2017)에 "언어는 모든 문명의 초석이지만 모든 싸움의 첫 번째 무기"라는 대사가 나온다. 혐오가 만연한 토양에서 차별이 뿌리내리고 증오 범죄가 싹튼다. 증오 범죄는 진공 상태에서 생겨나지 않는다. 인종 혐오가 혐오 범죄·증오 범죄로 발전한다. 더 극단으로 치달으면 인종 청소가 된다.

1923년 일본 간토 지방에 대지진이 발생했다. 지진이 일어난 직후 일본에 거주하는 조선인들이 학살당했다. 누군가 우물에 독을 풀었다는 거짓 소문으로 집단 공황이 촉발된 결과였다. 나치시대, 독일에서도 비슷한 일이 벌어졌다. 독을 풀었다는 혐의는 유태인이 뒤집어썼다. 이는 폭동으로 이어져 폭도들이 유태인 거주 구역에 불을 지르기도 했다. 독일의 나치는 600만 명의 유태인을 학살했다. 전 캐나다 법무부 장관 어윈 코틀러는 "홀로코스트(유태인 대학살)는 가스실에서 시작되지 않았다. 그것은 말에서 비롯했다"라고 했다. 유태인 학살은 유태인에 대한 혐오 발언에서 시작됐다.

독일의 저널리스트 카롤린 엠케는 "증오하는 자들이 그 대상에게 해를 입힐 수 있는 여지를 주지 않는 것은 문명사회 구성원으로서 우리 모두의 책임"이라고 강조했다. 눈앞에서 혐오를 부추길 때 침묵으로 방관해선 안 된다. 혐오에 맞서는 무기로 대항 표현counter speech이 있다. 대항 표현이란 혐오 표현을 반박하는 표현이다. 이를테면 세월호가 지긋지긋하다는 혐오 발언을 내뱉은 정치인에게 한 유가족이 '자식은 부모에게 지겨울 수가 없다'라고 항변했다. 이런 반박이 대항 표현이다.

6장

나만 혼자 사는 건 아니니까

진정한 자유란?
봉기

〈쇼생크 탈출〉(1994)에서 주인공 앤디는 누명을 쓰고 감옥에 갇힌다. 그는 수감된 19년 동안 하루도 자유를 포기한 적이 없었다. 반면 동료인 브룩스는 앤디보다 훨씬 오랜 기간을 감옥에 있었으면서도 사회에 나가는 것을 두려워한다. "옛날에는 가끔 차를 구경할 수 있었지만, 나와 보니 세상천지에 자동차 없는 곳이 없다"라고 말하는 그는 달라진 세상에 적응하지 못한다. 결국 브룩스는 머물던 집 대들보에 "브룩스 여기 머물다"라는 문구를 칼로 새기고 목매 자살한다. 그에게는 자유로운 바깥이 오히려 감옥이었던 셈이다.

"중고등학교 때가 좋았어요."

그렇게 말하는 청년들이 있다. 청춘의 어려움(취업 경쟁, 내 집 마련의 막막함 등) 탓이겠지만, 한편으로 자유에 대한 부담 때문이기도 하다. 사람들은 자신에게 자유가 주어지면 낯설어한다. '뭐가 하고 싶니?'라고 물으면 머뭇거리는 청소년이 많다. 무엇을 하면 좋을지 차라리 누군가 정해줬으면 싶다. 내 자유를 온전히 누리지 못하고 남에게 내 자유를 넘겨주는 격이다. 사회심리학자 에리히 프롬은 이를 '자유로부터의 도피'라고 불렀다. 가령 사람들은 카리스마 있는 지도자에게 끌린다. 사회가 나아갈 방향을 명쾌하게 제시해주기 때문이다.

미국 남북전쟁 이후 해방된 노예 중 일부가 다시 농장으로 돌아왔다. 자유가 힘겨웠던 탓이다. 자유를 누리려면 힘이 있어야 한다. 스스로 삶을 살아갈 수 있는 힘 말이다. 스스로 판단할 힘, 판단한 것을 실천할 힘, 그 실천을 뒷받침할 경제력, 그 모든 게 힘이다. 그런 힘이 없는 사람에게 자유는 버겁다. 은퇴자들의 삶을 보라. 은퇴 이후를 미리 준비하지 않으면 한없이 주어진 시간을 어찌 보내야 할지 막막해한다. 평생 바쁘게 살다 보니 자유를 누릴 능력을 기르지 못한 탓이다.

말 속의 벌레들

역사적으로 자유를 위한 투쟁이 있어왔다. 억압과 압제에 맞서 민중들이 떨쳐 일어날 때 '민중 봉기'라는 말을 쓴다. 봉기蜂起는 본래 벌떼가 한꺼번에 일어나는 것을 가리킨다. 벌집을 잘못 만지면 성난 벌들이 동시에 자기 집을 건드린 적을 떼지어 세차게 공격한다. 즉 봉기는 억눌린 민중이 어떤 계기를 맞아 벌떼처럼 떼를 이루어 힘차게 나서는 것을 가리킨다.

봉기처럼 벌레가 들어간 말로 '잠식' '벼룩시장' '좀이 쑤시다' 같은 표현이 있다.

잠식蠶食에서 잠蠶은 누에를 가리킨다. 누에는 뽕잎을 야금야금 먹는다. 이에 빗대어 잠식은 조금씩 먹어 들어간다는 뜻을 지니게 되었다. 서울 '잠실蠶室'은 예부터 누에를 치던 곳을 이른다. 일식, 월식 등에도 벌레가 들어 있다. 좀먹을 식蝕 자는 글자만 봐도 의미를 알 수 있다. '벌레[虫]가 나뭇잎을 먹는다[食]'라는 뜻이다. 지구의 그림자가 달을 가릴 때는 '달을 먹다'라는 의미에서 월식月蝕이라고 하고, 달이 해를 가릴 때는 '해를 먹다'라는 뜻에서 일식日蝕이라고 한다. 월식과 일식은 月食, 日食이라고도 쓴다.

'벼룩시장'에서 벼룩은 벌레 '벼룩'을 말한다. 이 말은 프랑스에서 생겼는데, 프랑스어로 마르세 오 퓌스marché aux puces이며 직역해도 벼룩시장이다. 프랑스에서 벼룩시장은 중고품을 사고파는 노점 시장을 가리킨다. 파는 물건들이 오래된 탓에 심심치 않게 벼룩을 볼 수 있어서 벼룩시장이란 이름이 붙었다.

'좀이 쑤시다'에서 좀도 벌레 이름이다. 좀이 몸을 쑤셔대면 가려워서 참기 어렵다. 그래서 마음이 초조하거나 하여 가만히 기다리지 못하는 것을 '좀이 쑤시다'라고 한다.

진정한 자유란

자유란 무엇일까? 돈이 많아 놀고먹으면서 하고 싶은 일을 하며 사는 사람은 자유로울까? 만약 그런 것이 자유라면 부자가 제일 자유로울 것이다. 자유의 크기란 가진 돈의 크기와 같게 된다. 그러나 돈이 많을수록 돈에 매여서 사는 것이 현실이다. 돈 때문에 가족끼리 다투고 못 볼 꼴을 보기도 한다. 니체는 소유할수록 소유된다고 했다. 돈을 많이 가질수록 돈에 매인다는 것이다. 자유란 소비의 자유가 아니다.

그렇다면 간섭받지 않고 내 마음대로 행동하는 것은 어떨까? 가령 하고 싶을 때 마음껏 게임을 할 수 있다면 자유로울까? 좋아하는 게임을 원 없이 하는 것이 자유일까? 사실 게임 중독은 자유로운 선택이 아니다. 하지 않을 수 없어서 하는 것이다. 알코올의존자가 술을 마시는 것은 먹고 싶어서가 아니다. 술을 마시지 않을 수 없어서 마시는 것이다. 알코올의

존자에게 진짜 자유란 술을 줄이거나 끊는 것이다. 그게 술로부터 벗어나 자유를 누리는 방법이다.

게임도 다르지 않다. 게임이 무조건 나쁘다는 말이 아니다. 게임에 중독되는 것과 게임을 좋아하는 것은 다르다. 게임 아니면 못 사는 사람과 게임 말고도 다른 놀이를 즐길 수 있는 사람은 같지 않다. 전자는 게임 때문에 중요한 일을 그르치고 일상을 망치지만, 후자는 중요한 일이 있을 때 게임을 자제할 수 있다. 게임이든 무엇이든 여러분의 즐거움을 위해서 의지대로 행하고 또 그만둘 수 있을 때, 비로소 자유로운 것이다. 스스로 멈추기 힘들다면 그것은 자유가 아니라 구속이다.

결국 자유란 선택의 문제라기보다는 능력의 문제다. 자유는 스스로 무언가를 새롭게 할 수 있는 능력과 관련된다. 그것은 여러 가지 그럴듯한 선택지의 유혹 앞에서도 자신이 하고자 하는 것을 하는 능력이고, 자기가 원하는 방식으로 살 수 있는 능력이다.

사랑으로 지켜보기
응시

응시, 시치미, 매몰차다, 매섭다, 매만지다,
매끄럽다, 옹고집, 옹골지다, 옹골차다

신화에 나오는 나르시스는 호수에 비친 자기 얼굴에 반해서 밥도 안 먹고 쳐다보기만 하다가 결국 물에 빠져 죽었다. 나르시스만큼은 아니지만, 우리도 수시로 거울을 들여다본다. 거울을 들여다보며 자기를 의식한다. 사람은 태어나자마자 자기를 인식할까? 그렇지 않다. 그렇다면 자기의식은 어떻게 생겨날까?

정신분석가 이승욱은 《포기하는 용기》에서 "존재는 응시에 의해 조각된다"라고 말한다. 갓난아이가 말을 배우는 모습을 떠올려보라. 처음부터 '내가' '나는' 같은 말을 할까? 그렇지 않다. '엄마' '아빠' 같은 말부터 먼저 한다. 왜 그럴까? 인간은 자신을 직접 바라보지 못한다. 자기를 보는 다른 사람의 시선과 표정에 비추어 자신을 인식한다.

남자 형제만 있는 집안이 있다. 장성한 아들들이 결혼해 자식을 낳았는데, 모두 사내아이다. 그런데 한 아들이 딸을 낳는다. 남자들만 득실득실한 집안에 귀한 딸이 태어난 것이다. 그 아이를 바라보는 가족들의 눈빛이 어떠하겠나? 할머니, 할아버지, 아버지 형제와 그 부인들까지 모두 그 아이를 반갑고 귀히 여길 것이다. 자연히 따뜻한 응시가 뒤따른다. 그러면 그 아이는 자신이 환영받는 존재라고 인식할 가능성이 높다.

아기는 엄마의 응시를 통해 자기를 의식한다. 자기에 대한 어떤 것도 정해지지 않은 상태에서, 타인이 나를 어떻게 바라보는가에 따라 내가 어떤 존재인가를 자각하게 되는 것이다. 아이에게는 엄마의 응시가 중요하다. 응시란 관심의 시선이고 욕망의 시선이다. 엄마가 하는 칭찬과 꾸중에 따라 자기 자신에 대한 평가는 하늘과 땅을 오간다. 그렇게 "존재는 응시에 의해 조각된다". 우리가 타인의 시선, 타인의 인정에 목매는 본질적인 이유다.

매사냥에서 유래한 말들

응시鷹視에서 '응鷹'은 매를 뜻한다. 시력이 뛰어난 매는 하늘 위를 높이 날면서 먹잇감을 한순간에 낚아챈다. 그래서 '매의 눈으로 본다'는 말이 생겨났다.

옛사람들은 매를 이용해 사냥을 했다. 삼국시대부터 고구려를 중심으로 매사냥이 매우 성행했다. 그래서 우리말에는 매와 관련된 말들이 의외로 많다. 가령 '매달다' '매달리다'가 있다. 매를 길들일 때 줄로 매의 발을 묶는다. 야생성이 강한 매는 자신을 붙들어 맨 줄에서 벗어나 날아가려고 발버둥을 친다. '매달다'라는 표현은 매가 줄에 묶여 거꾸로 퍼덕이는 모습에서 나온 것이다.

시치미도 매사냥과 관련된다. 선조들은 매의 꽁지에 매의 주인 이름 등을 적은 이름표인 '시치미'를 달았다. 주인 잃은 매가 있을 때 누구의 소유인지를 밝히기 위해서였다. 간혹 남의 매를 손에 넣고 자기 매인 것처럼 시치미를 떼어버리는 경우가 있었는데, '시치미를 떼다'라는 표현은 여기서 유래했다. 자기가 하고도 하지 않은 척하거나 알고 있으면서도 모르는 척할 때 쓰는 표현이다.

'매몰차다'는 '매가 꿩을 몰아서 낚아채다'에서 온 말이다. 꿩을 사냥하는 매의 모습이 매우 사납고, 한 치의 망설임도 없이 차가워 보여서 '아주 쌀쌀맞다'는 뜻으로 쓰인다. 기세 등이 매몰차고 날카롭다는 뜻의 '매섭다(매스럽다)'는 '매

의 눈빛처럼 날카롭다'에서 왔고, 부드럽게 쓰다듬어 만진다
는 의미의 '매만지다'는 매를 길들이기 위해 깃털을 살살 어
루만지는 행동에서 왔다. 또 매는 성질과 다르게 깃털이 매우
부드러운데 '매끄럽다'는 말이 여기서 생겨났다. '옹고집(옹-鷹
고집)'은 고집이 아주 센 매의 성질을 빗댄 말이고, '옹골지다
(옹-鷹골지다)' '옹골차다' 등 역시 매사냥에서 온 우리말이다.

인정을 향한 욕망

인간은 사회적 동물이다. 쉽게 말해 남과 어울려 사는 존
재다. 인간은 남이 나를 인정해주는 맛에 산다. 행동을 지배
하는 여러 원리가 있지만, 인정 욕구가 맨 앞자리에 있다. 철
학자 윌리엄 제임스가 지적했듯이 "인간 행동을 지배하는 가
장 기본적인 원리는, 다른 사람의 인정에 대한 갈구"다. 삶은
남들의 인정을 받기 위한 투쟁이다. 이를 '인정 투쟁'이라 한다.
역사학자 프랜시스 후쿠야마는 우리가 일하고 돈을 버는
동기도 인정에 있다고 봤다. 먹고살기 위한 게 아니라는 것이
다. 돈을 벌려고 아등바등하는 것도, 고급 승용차를 타고 크고
비싼 집에 살려고 하는 것도 남들에게 뽐내며 인정과 부러움
을 받고 싶은 마음 때문이다. 물질적인 욕망이 아니라 사회적

으로 인정받고자 하는 욕망에서 부ᐟ를 추구한다는 것이다.

권력이나 물질은 희소하다. 즉 그것들을 놓고 다투는 것은, 결국 누군가 더 많이 갖고 다른 누군가는 덜 갖는 결과로 이어진다. 그런데 인정은 어떤가? 인정은 희소하지 않다. 서로 인정해주고 인정받으면 된다. 거기에는 돈도 노력도 들지 않는다. 인정의 기준을 다양화하면 된다. 돈, 외모, 학력 말고도 타인을 인정해줄 수많은 것이 있다.

문제는 인정의 대상이 획일화되어 있다는 점이다. 사람들은 희소한 대상을 갖기 위해 발버둥 친다. 자기가 가진 것보다 갖지 못한 것에 눈길을 주는 삶은 불행해지기 쉽다. 행복은 거창한 것이 아니다. 지금 가진 것에 감사하며 잘 누리고 살면 행복하다. 오늘 가진 것에 만족할 줄 모르면, 내일 더 많은 것을 가진다 해도 만족하지 못한다. 지금 하고 있는 일에 흡족함을 느끼지 못한다면 훗날 다른 일을 한다고 해도 달라지기 어려울 것이다.

"지금 없는 것에 대해 생각할 때가 아니다. 지금 있는 것으로 무엇을 할 수 있는지 생각할 때다."

작가 헤밍웨이가 한 말이다.

왕따의 의자를 치워버리자
장사진

장사진, 사족뱀足, 사족四足, 사지

여자아이들 사이에서 따돌림을 당하던 주인공 선이 새로 전학 온 지아를 만나 친구가 된다. 지아는 선이 왕따인 줄 모른 채 친해졌다가 나중에 그 사실을 알게 되면서 선을 멀리한다. 그리고 얼마 지나지 않아 지아 역시 왕따를 당하게 된다. 한때 둘도 없던 친구였던 두 사람은 서로를 멀리한다. 급기야 서로에게 '네가 왕따잖아'라고 헐뜯으며 몸싸움까지 벌인다.

영화 〈우리들〉(2016)에서 같은 반 여자아이들은 선과 지아를 따돌리면서 그들에게 문제가 있는 것처럼 대한다. 아이들은 다른 아이를 왕따시키면서 '걔는 잘난 척이 심해' '걔는 자기밖에 몰라' '걔는 분위기 파악을 못해….' 이런 식으로 말하곤 한다. 이런 말들은 따돌림을 당하는 사람에게 문제가 있어서 집단 따돌림이 발생한다는 생각에서 나온다. 그런 비난을 받은 친구는 정말 자기밖에 모르고 잘난 척이 심하며 분위기 파악을 못할까?

그 아이에게 무슨 큰 문제나 결함이 있어서 따돌리는 게 아니다. 집단 따돌림을 당하는 아이는 대개 힘없고 여린 아이다. 집단 따돌림은 가장 약해 보이는 아이를 집단적으로 괴롭히는 것이다. 싸움 또는 공부를 잘하거나 잘생기면 왕따를 당하지 않는다. 결국 집단 따돌림과 괴롭힘의 결정적 이유는 '결함'이 아니라 '약함'에 있다. 약한 자가 자기보다 조금이라도 더 약한 자에게 고통을 가한다.

뱀처럼 기어가는 말들

우리는 자기도 모르게 다른 사람들의 행동에 영향을 받아 덩달아 똑같이 행동하는 경향이 있다. 교통사고가 나서 구경꾼이 몰리면 괜히 들여다보고 싶어진다. 어느 상점에 몰려든 인파가 장사진을 이루고 있으면 괜히 기웃거리게 된다. 집단의 힘이다.

장사진長蛇陣은 어디에서 유래한 말일까? 보통 장사진이 상점이나 백화점 등과 함께 쓰이다 보니 '장사하기 위해 진을 치다'는 의미로 오해하기도 한다. 장사진은 군사를 배치하는 전술 가운데 하나다. 뱀[蛇]처럼 길게[長] 늘어선 진陣이란 뜻으로, 군사들을 한 줄로 기다랗게 배치한 형태다. 이후 장사진은 '사람들이 줄을 지어 늘어서 있는 모양'을 의미하게 됐다. 사람들이 많이 모여 있다고 무조건 장사진이라는 말을 쓰진 않는다. 길게 줄을 지어 있어야 한다.

누군가 군이 필요하지 않은 설명을 할 때 '사족을 달다' '사족을 붙이다'라고 한다. 이때 사족蛇足은 '화사첨족畵蛇添足'이라는 사자성어를 줄인 말이다. 뱀을 다 그리고 난 후 뱀에게 있지도 않은 발을 덧붙여 그려 넣는다는 뜻으로, 괜히 쓸데없는 짓을 해서 오히려 잘못되게 만드는 상황 등을 이르는 말이다.

사족蛇足 말고 사족四足도 있다. '치킨이라면 사족을 못 쓴다'처럼 무언가에 반하거나 혹해 꼼짝을 못 할 때 '사족을 못 쓰다'라고 한다. '사족四足'은 '짐승의 네발' 혹은 '네발 가진 짐승'을 의미한다. 또 사지四肢, 즉 사람의 두 팔과 두 다리를 이르는 말이기도 하다. 즉 '사족을 못 쓰다'는 무언가를 아주 좋아해서 팔다리를 움직이지 못할 정도라는 뜻이다. 같은 의미의 표현으로 '사지를 못 쓰다'도 있다.

왕따의 의자

따돌림을 당하는 사람에게 여전히 문제가 있다고 생각하나? 여러분 반에 왕따를 당하는 친구가 한 명 있다고 해보자. 그 친구가 왕따를 견디다 못해 전학을 간다. 이제 따돌림 없는 반이 될까? 아닐 것이다. 아마 새로운 친구가 왕따가 될 것이다. 교실에는 '왕따의 의자'가 놓여 있다. 그 의자의 주인이 따로 정해져 있는 건 아니다. 누구든 그 의자에 앉을 수 있다. 어제까지 앉아 있던 친구가 떠나버리면 그 자리는 비게 된다. 그러면 다른 누군가를 그 자리에 새롭게 앉히는 게 왕따의 작동 원리다.

왕따는 비뚤어진 개인의 잘못이기도 하지만, 따돌림을 방관하는 반 전체의 문제이기도 한 것이다. 집단은 왜 약한 사람을 괴롭히는 걸까? 직접 고통을 가하진 않는다고 하더라도, 대다수가 집단 따돌림이 문제라는 사실을 분명히 알고 있으면서 방치하는 이유가 뭘까?

정답이 C인 매우 쉬운 문제가 있다. 참가자 다섯 명 중 네 명이 모두 오답인 A를 말한다. 물론 네 명은 미리 섭외된 공모자들이다. 이 상황에서 정답 C를 말할 수 있는 사람이 얼마나 될까? 내가 C라고 말하면 사람들이 나를 이상하게 생각하지 않을까, 내게 화를 내지 않을까, 나를 조롱하지 않을까? 이런 두려움 때문에 실험 참가자 중 75퍼센트가 적어도 한 번은 다수의 의견에 따라 틀린 답을 말했다. 자기 생각과 분명히 다른데도 다수의 편에 서기 위해 오답을 말한 것이다.

미국 사회심리학자 솔로몬 애쉬가 진행한 '동조 실험'의 내용이다. 애쉬는 왜 이런 실험을 했을까? 폴란드계 유태인으로 제2차 세계대전 이후에 연구 활동을 시작한 애쉬는 많은 독일인이 유태인 학살에 동조하거나 방관한 이유를 알아내려고 이 실험을 진행했다. 애쉬는 "선량하고 지적인 젊은이들이 상황에 따라서 흑백도 뒤바뀔 수 있다는 생각을 기꺼이 받아들인다는 것은 심상치 않은 문제이다"라고 말했다.

우리가 따돌림을 당하는 친구의 편을 들지 못하는 것도 그 때문이다. 그 친구를 도와주려다가 오히려 내가 따돌림을 당할지도 모르니까. 집단 따돌림은 수건돌리기와 비슷하다. 누구든 수건을 받을 수 있다. 그런 까닭에 다들 더 두려워한다. 두려움은 평범한 사람을 괴물로 만든다. 〈우리들〉에서 지아가 선을 외면한 것도 두려움 때문이다. 자기도 선처럼 되면 어쩌지, 하는 두려움 말이다. 결국 집단 따돌림은 나의 공포를 잠재우기 위해 다른 사람을 희생시키는 비겁한 행위다.

동물도 고통을 느낀대
가축

가축, 포유류, 설치류, 양서류

지구상에 존재하는 동물은 인간 아니면 농장 동물이다. 닭, 소, 돼지, 그리고 반려동물을 포함하면 지구 동물량의 65퍼센트가 가축이고, 32퍼센트가 인간이며, 야생에서 살아가는 동물은 고작 3퍼센트에 불과하다. 유엔 식량농업기구FAO의 통계를 보면 2020년 803억 마리의 동물이 도축됐다.

우리는 엄청나게 많은 고기를 먹는다. 우리나라만 해도 1970년에 한 사람이 1년에 5.2킬로그램의 고기를 먹었지만, 2020년에는 열 배가 넘는 54.3킬로그램이나 먹었다. 대량의 고기, 달걀, 우유를 생산하기 위해서 수많은 동물을 좁은 우리에 가두어 기른다. 이것을 '공장식 축산'이라고 부른다. 공장에서 빠르게 물건을 찍어내듯이 많은 고기를 만들어내는 것이다.

이들 대부분은 비좁고 더러운 환경에서 살아간다. 닭이든 소든 돼지든, 좁은 우리에 갇혀 평생을 지낸다. 고개를 돌리거나 몸을 틀기도 힘든 협소한 공간에서 말이다. 그들이 할 수 있는 일은 먹고 싸고 낳는 것뿐이다. 닭은 A4 용지만 한 작은 닭장에서 평생 알만 낳다 죽고, 암퇘지는 길이 2미터, 폭 60센티미터의 공간에서 새끼만 낳다가 죽는다. 처음으로 바깥세상을 구경하는 날은 도축장으로 끌려가는 마지막날이다.

개골개골에서 개구리가

가축은 집에서 기르는 동물을 가리킨다. 소, 닭, 돼지 등이 있다. 동물, 특히 척추동물을 분류하는 기준이 있다. 포유류, 설치류, 양서류 등이다. 포유류哺乳類는 새끼에게 젖을 먹이는[哺] 짐승이라는 뜻이다. 설치류는 이가 계속 자라는 탓에 본능적으로 어딘가에 이를 갈아댄다. 설치齧齒는 이를 간다는 의미다. 개구리 같은 동물을 양서류兩棲類라고 하는데 물과 뭍, 즉 양쪽에서 서식棲息한다는 뜻이다.

"개골개골 개구리 노래를 한다. 아들 손자 며느리 다 모여서…."

이런 동요도 있듯이 우리나라 사람들 귀에는 개구리가

'개골개골' 우는 것으로 들린다. 여기에 명사형을 만드는 '이'가 붙어 개고리로 연음됐다. 개구리처럼 울음소리가 이름이 된 경우는 많다. 맴맴에서 매미가, 뻐꾹뻐꾹에서 뻐꾸기가, 기럭기럭에서 기러기가, 부엉부엉에서 부엉이가, 맹꽁맹꽁에서 맹꽁이가, 따옥따옥에서 따오기가, 뜸북뜸북에서 뜸부기가, 귀뚤귀뚤에서 귀뚜라미가, 쓰르람쓰르람에서 쓰르라미가 나왔다. 아름다운 우리말들이다.

이런 이름들처럼 한자로 된 낱말을 알기 쉬운 말로 쓰는 건 어떨까? 한자어를 다 바꿀 순 없겠지만, 대신할 수 있는 단어들이 꽤 많다. 척추동물은 등뼈동물, 무척추동물은 민등뼈동물, 포유류는 젖먹이동물, 양서류는 물뭍동물, 바다·호수·하천 등에 사는 수생동물은 물살이동물, 외골격은 겉뼈대, 두개골은 머리뼈 등으로 충분히 바꿔 쓸 수 있다.

동물도 고통을 느낀다

매년 전 세계에서 동물실험에 사용돼 죽어가는 동물이 적지 않다. 미국은 매해 7억 마리 이상의 동물을 희생시킨다.

'드레이즈 테스트'라는 동물실험이 있다. 화장품 등에 포함된 화학물질이 눈의 점막에 미치는 자극을 확인하는 실험이다. 화장품이나 생활용품 연구소에서는 드레이즈 테스트에 토끼를 활용한다. 토끼의 눈은 이물질을 씻어낼 눈물이 분비되지 않아서 실험에 적합하다. 토끼의 목을 고정시켜놓고 눈에 반복적으로 화학물질을 떨어뜨린다. 눈물을 흘리지 않는 토끼이다 보니 당연히 눈이 타들어가는 고통을 느낀다. 몸부림치다가 목뼈가 부러져 죽거나 간신히 살아남는다 해도 실험이 끝나면 안락사를 당한다.

동물도 고통을 느낀다. 집에서 키우는 개를 생각해보자. 주인이 집에 돌아오면 좋아서 꼬리를 흔든다. 아플 때는 사람처럼 시름시름 앓는 소리도 낸다. 이처럼 동물도 인간과 똑같이 고통을 느낀다. 우리가 먹는 닭, 소, 돼지도 모두 마찬가지다. 우리는 동물은 지능이 떨어져서 고통을 거의 못 느낀다고 생각하지만, 고통과 지능은 아무 상관이 없다. 갓난아기를 보면 알 수 있다. 성인에 비해 지능은 떨어지지만, 아플 때는 목청이 터져라 운다.

고통을 느낀다는 점에서 인간과 동물은 다르지 않고, 그렇기 때문에 고통의 문제에 있어선 인간과 동물을 똑같이 대해야 한다. 비록 가축을 잡아먹더라도, 가축이 낭하는 고통을 최소화해야 한다. 어차피 죽이는 건 마찬가지인데, 그게 무슨 의미가 있냐고? 지구에 쳐들어온 외계인이 인간을 잡아먹는데 바로 죽이지 않고 온갖 고문을 가한다고 해보자. 어차피 죽는 건 마찬가지니까 고문당해도 괜찮다고 말할 수 있겠나? 동물에게 고통을 주지 않는 것이 가장 최선이겠지만, 그게 어렵다면 고통을 최소화하기 위해서 노력해야 한다.

인도의 성자 간디는 이렇게 말했다.

"한 국가의 위대함과 도덕성은 그 국가가 동물을 대하는 방식을 통해 판단할 수 있다. 나는 약한 동물일수록 (…) 보호받을 권리가 있다고 믿는다."

동물처럼 가장 약한 존재 혹은 사회적 약자가 어떻게 대우받는지 보면, 그 사회의 도덕성을 짐작할 수 있다는 것이다. 동물을 잔인하게 대하면 언젠가 인간도 그렇게 대할 수 있다. 그러니 동물도 존중할 필요가 있는 것이다. 먼 훗날 외계인에게 끔찍한 일을 당하고 싶지 않다면, 동물을 대하는 우리의 태도를 돌아봐야 하지 않을까?

심리학자 스티븐 핑커는 《우리 본성의 선한 천사》에서 1970년대 이후 시작된 동물권의 상승이 인간의 삶 또한 변화시켰다고 주장한다. 동물 학대 건수가 줄어들면서 성차별, 아동 학대, 인종 혐오 범죄 또한 줄었다는 것이다. 동물을 대하는 태도가 달라지면, 인간을 대하는 태도도 달라질 수 있다.

정신은 인간만의 것이 아니야
문어

문어, 귀감, 균열, 세발낙지, 영덕대게

몽테뉴라는 철학자가 있었다. 1500년대 사람인데 《수상록》이라는 책을 남겼다. '수상록'은 그때그때 떠오르는 느낌이나 생각 등을 기록한 글을 의미한다. 몽테뉴는 고양이를 한 마리 키웠는데, 어느 날 고양이와 놀다가 이런 생각을 한다.

'내가 고양이를 데리고 노는 걸까? 고양이가 나를 데리고 노는 걸까?'

사람이 고양이에게 장난을 걸거나 그만두는 때도 있지만, 고양이가 먼저 장난을 걸거나 그만두는 때도 있다. 그때 고양이는 자기 머릿속으로 이렇게 생각한 건 아닐까?

'아이, 귀찮아. 대체 언제까지 지 인간이랑 놀아줘야 하는 거야?'

몽테뉴가 표현한 대로, 어쩌면 인간이 반려동물의 반려동물인지도 모른다. 스스로 고양이의 주인이라 자처하는 인간은 결코 그렇게 생각하지 않겠지만 말이다.

동물 이름에 이런 뜻이?

동물의 지능을 얘기할 때 흔히 포유동물(젖먹이동물)을 많이 거론한다. 지능이 높은 것으로 알려진 돌고래도 포유동물에 속한다. 그런데 포유동물 같은 척추동물(등뼈동물) 말고, 무척추동물(민등뼈동물) 중에서도 높은 지능의 동물이 있다. 바로 문어다.

문어가 매우 뛰어난 지능을 가지고 있다는 점은 여러 연구를 통해 널리 알려진 사실이다. 아직까진 도구를 사용하는 유일한 무척추동물일 것이다. 2009년에는 문어가 바다에 버려진 코코넛 껍데기 두 개를 짝 맞춰 공처럼 만들고서 그 안에 몸을 숨겼다는 연구 결과가 발표됐다. 문어는 미로迷路 실험에서도 탈출 솜씨를 선보였는데, 그 실력이 생쥐 못지않았다고 한다.

문어文魚는 글을 아는 물고기라는 뜻일까? 배 속에 먹을 품고 있다고 해서 글월 문文 자가 들어 있다. 붓글씨를 쓸 때 먹으로 쓰지 않나? '먹물을 먹다'라는 관용구는 책을 읽으며 글을 공부한다는 뜻이다.

귀감龜鑑은 거울로 삼아 본보기로 따라할 만한 모범을 뜻한다. 귀龜는 거북의 등을 위에서 바라본 모습을 글자로 만든 것이다. 옛날에는 거북의 등을 불에 구운 후 그것이 갈라지는 모양을 보고 사람의 장래나 길흉을 점쳤다. 갈라진다는 뜻의 균열龜裂이라는 말에도 '거북[龜]'이 들어 있다. '龜'는 '귀'로도, '균'으로도 읽힌다. 감鑑이라는 글자는 자신의 아름다움과 추함을 확인하기 위해서 물을 떠놓고 자기 모습을 비추어보는 행위를 가리킨다. 판단하는 행위에 '감'이라는 말을 쓰기 시작한 것은 여기에서 비롯되었다. 대표적으로 감상, 감별, 감정 등이 있다. 그러므로 '귀감으로 삼다'는 것은 길흉을 점쳐주는 '귀'와 아름다움과 추함을 알려주는 '감' 앞에서 스스로를 돌아보고 살피겠다는 뜻이다.

세발낙지는 다리가 세 개일까? 이름이 그럴 뿐 여느 낙지처럼 다리는 엄연히 여덟 개다. '세발'은 '세 발'이 아니라 '細발'이다. 가늘 세 자다. 그러니까 세발낙지는 다리가 가느다란 낙지란 뜻이다. 다리가 세 개라는 것은 그저 이름 '세발'에서 지레짐작하여 잘못 안 것이다.

영덕대게는 몸집이 커서 대게이겠거니 생각하지만, 사실 '큰 게'를 뜻하는 말이 아니다. 대나무를 닮은 게라서 대게라

고 부른다. 대게의 다리는 대나무처럼 마디가 있고 뾰족뾰족
하기도 하다. 마디가 있다는 점에서 대게라고 칭하는 것이다.

정신은 인간의 전유물이 아니다

《시턴 동물기》를 쓴 어니스트 시턴의 서명을 본 적 있나?
시턴은 특이하게도 서명 아래에 늑대 발의 문양을 그려 넣었
다. 잊을 수 없는 한 늑대 때문에 그런 서명을 사용하게 됐다.
시턴은 원래 화가로, 야생동물을 관찰하며 그림을 그렸다. 그
러다 더 잘 그리기 위해서 사냥꾼이 되었고, 사냥꾼 중에서도
늑대 사냥 전문가가 되었다. 그런 시턴을 바꿔놓은 동물은 한
마리 늑대였다.

시턴이 쓴 동물기에는 '로보'라고 불리는 늑대 왕이 등장
한다. 로보는 몸집이 매우 크고 머리가 좋은 늑대였다. 다섯
마리의 부하를 거느리고 5년 동안 2000마리의 소와 양을 먹
어 치우며 농가에 큰 피해를 줬다. 농가에서는 로보를 처치하
고 싶었지만 영리한 로보는 그 어떤 독과 덫에도 걸리지 않았
다. 자신을 잡기 위해 인간들이 놓은 덫에 보란 듯이 오줌을
눌 정도였다.

로보를 잡아달라는 요청을 받은 시턴은 로보의 짝인 '블

랑카'를 인질로 삼았다. 블랑카가 묶여 있는 곳, 함정이라는 것을 알았지만 로보가 다가왔다. 로보는 밤새도록 블랑카 주위를 돌며 고통스레 울부짖었다. 로보의 울부짖음을 듣고 사람들은 말했다. 늑대가 저렇게 슬프게 우는 건 처음 들어본다고. 결국 로보는 함정을 향해 달려들었다. 마침내 붙잡힌 로보는 블랑카를 따라 죽었다. 로보가 죽는 모습도 인상적이었다. 붙잡힌 로보는 인간이 주는 먹이를 끝까지 거부했다. 늑대 왕의 위엄을 지키려는 듯이 비장한 최후였다.

철학자 마크 롤랜즈는 '브레닌'이라는 늑대와 11년을 함께 살았다. 그는 그 경험을《철학자와 늑대》라는 책으로 풀어냈다. 책에서 롤랜즈는 "아직도 동물에게 생각하고 믿고 추론하고 심지어 느끼는 '정신'이 있는가라고 질문하는 철학자들이 있다는 모순적인 사실이 나에게는 매우 흥미롭다. 이런 철학자들에게 나는 책은 그만 덮어놓고 개를 한번 훈련시켜보라고 권하고 싶다"라고 말한다. 로보를 보면 결코 과장이 아닌 듯하다.

《철학자와 늑대》는 늑대를 통해 인간의 본질을 사유하기도 한다.

"영장류는 자신이 소유한 것을 기준으로 자신을 평가한다. 하지만 늑대에게 중요한 것은 소유의 사실이나 소유의 정

도가 아니다. 늑대에게 중요한 것은 어떤 종류의 늑대가 되느
냐는 것이다."

로보는 어떤 종류의 늑대가 되느냐를 몸소 보여주었다.
마지막 순간까지 말이다.

7장

경쟁자는
나의 친구

SNS는 나를 감시하는 눈
장안

장안, 함흥차사, 평안감사, 삼수갑산, 흥청망청

인스타그램 같은 SNS에는 반짝이는 것들만 있다. 절망이 없다. 청년 세대를 N포 세대라고 하지만, 그들의 SNS에는 절망과 우울은 없다. 잘 차려입고 멋진 공간에서 차를 마시고 아름다운 야경을 배경으로 환하게 웃는 장면들이 가득하다.

화려한 이미지는 실제 현실이라기보다 연출된 일상의 한 단편일 뿐이다. 그저 한순간의 이미지에 불과하다. 어느 누구의 일상도 매 순간 빛날 수는 없는 법이다.

"우리는 행복해지기보다 행복하게 보이기 위해 더 많은 노력을 한다."

철학자 프랑수아 드 라 로슈푸코의 말이다.

SNS는 과시의 공간이다. 우연의 일치겠지만, 컴퓨터 자판으로 'SNS'를 치고 한글로 변환하면 '눈'이 된다. SNS는 타인의 눈을 의식하는 공간이다. 우리는 트위터의 '리트윗'이나 페이스북의 '좋아요'와 같은 값싼 인정을 갈구한다. 2013년 미국 미시간대 연구팀의 조사에 따르면, 페이스북을 오래 사용하는 사람일수록 삶에 대한 만족도가 떨어지는 것으로 나타났다. 왜 그럴까? 상대적 박탈감 때문이다. 타인의 행복한 모습에 상대적 박탈감은 쌓여간다.

공간을 뜻하는 말들

인플루언서의 SNS는 장안의 화제가 되곤 한다. 여기서 장안長安은 '수도'를 의미한다. 장안은 중국 한나라, 당나라 등의 도읍지였는데, 진시황릉과 병마용갱이 있는 곳으로도 잘 알려져 있다. 현재의 중국 산시성 시안의 옛 이름이 장안이다. 선조들은 중국을 세상의 중심으로 생각했다. 따라서 중국의 수도인 장안은 '중심의 중심'일 수밖에 없었다. 급기야 조선의 양반들이 '서울 장안'이라는 표현을 사용하면서, 장안이라는 단어가 수도라는 뜻으로 확대됐다.

함흥차사咸興差使는 '심부름을 가서 아무 소식도 전하지 않거나 돌아오지 않는 사람'을 가리키는 말이다. 여기서 함흥은 함경도의 함흥을 뜻하고, 차사는 임금이 중요한 임무를 맡겨

파견하던 임시 벼슬을 의미한다. 즉 함흥차사는 '함흥에 보낸 벼슬아치'라는 뜻이다.

조선 초기 이른바 '왕자의 난'을 거쳐 이방원(태종)이 왕위에 올랐다. 그러자 그의 아버지 이성계(태조)는 아들이 보기 싫다며 고향인 함흥에 가 있었다. 이방원은 아버지를 한양으로 다시 모시기 위해 여러 번 차사를 보냈지만, 이성계는 찾아온 차사를 모두 죽여버렸다. 그런 까닭에 이방원은 차사로부터 아무런 소식도 받지 못했다. 함흥차사라는 말은 여기에서 유래했다.

'평안 감사도 저 싫으면 그만이다'라는 속담이 있다. 아무리 좋은 일이라도 본인이 하기 싫으면 억지로 시킬 수 없다는 뜻이다. 그런데 평안 감사를 평양 감사로 말하는 사람들이 있다. 평양은 지금으로 보면 시市다. 예전에 시장 벼슬은 감사가 아니고 판윤이다. 평양의 관리는 '평양 판윤'이라고 해야 한다. 평안도에는 지금의 도지사와 같은 급인 감사가 부임했다. 감사를 붙이려면 '평양 감사'가 아니라 '평안 감사'가 맞다.

'내일은 삼수갑산三水甲山을 가더라도'라는 속담을 들어봤을 것이다. 그런데 '삼수갑산'을 '산수갑산'으로 쓰는 사람들이 있다. 삼수갑산은 함경도에 있는 삼수三水와 갑산甲山이라는 지명이 합쳐진 말이다. 우리나라에서 가장 험한 산골로 알려진 삼수와 갑산은 조선시대의 대표적인 귀양지였다. 예전에는 옳은 말을 하다가 귀양을 가는 경우가 있었다. '내일은 삼수갑산을 가더라도'는 자신에게 닥쳐올 위험을 무릅쓰고서라도 어떤 일을 단행할 때 하는 말이다.

조선시대에 생겨난 말 중에 '흥청망청'이 있다. 조선 제10대 왕 연산군은 폭군으로 알려져 있다. 그는 '채홍사'라는 관직을 만들어서 전국에 보내, 신분 고하를 막론하고 얼굴이 예쁜 처녀들을 겁박하고 회유하여 자신의 전속 기생으로 삼도록 했다. 이들을 '흥청'이라 불렀다. 한때 2000명이 넘었다고 한다. 나랏일은 돌보지 않고 흥청들과 놀아나던 연산군이 반정으로 쫓겨나자, 당시 사람들은 그가 흥청이와 어울리다 망했다고 하여 흥청망청이라 했다.

나를 위해 살고 있나?

내가 정말 좋아하는 것과 그저 원하는 것을 구분하자. 많은 사람이 부러워하고 가지고 싶어 하기 때문에 나도 꿈꾸는 것이라면, 이는 내가 진짜 좋아하는 게 아닐 수 있다. 그저 다른 사람들이 소유하고 있고 그게 행복해 보여서 바라던 것을 하나씩 제거해보자. 그러다 보면 내가 진정으로 좋아하는 것에 집중할 수 있다.

사상가 랠프 월도 에머슨은 "내 삶은 그 자체를 위한 것이지, 남에게 보여주기 위한 것이 아니다"라고 했다. 타인의 평가에 일희일비하지 말자. 특히 나에 대한 부정적인 평가나 판단에 휘둘릴 이유가 없다. 왜 타인의 평가를 두려워하는가?

"타인의 눈 속에 갇혀 살지 말라. 도덕이나 이론의 지배도 받지 말라."

영화 〈죽은 시인의 사회〉(1989)에 나오는 말이다.

여러분이 좋아하는 사람이 여러분을 어떻게 평가하는지는 중요하다. 그렇다면 별로 좋아하지 않는 사람은 어떨까? 지금 당장은 학교든 직장이든 어쩔 수 없이 함께하지만 언젠가 관계가 끊어질 수 있는 사람이라면, 즉 여러분 인생에서 특별히 중요하지 않은 사람이라면 그런 사람에게 인정받으려고 아등바등할 필요가 없다. 어차피 그 사람은 '타인'일 뿐이다. 내 삶에 진심 어린 관심이나 애정을 가지고 있지 않을 가능성이 높다. 그런 사람에게 굳이 왜 신경쓰는가?

남의 욕망을 따르는 삶은 내 삶이 아니다. 내 인생을 온전히 감당하고 책임질 사람은 나 자신이다. 남을 위해 살 것인가, 나를 위해 살 것인가?

"삶이라는 시간은 제한되어 있다. 그러니 다른 누군가의

194

인생을 사느라 낭비하지 말라. 다른 사람의 도그마에 얽매이지 말라. 만약에 그렇다면 다른 사람의 생각으로 자기 삶을 사는 것과 마찬가지다."

애플의 전 CEO 스티브 잡스가 2005년 스탠퍼드대 졸업식에서 한 연설을 기억하자.

나뿐인 사람은 나쁜 놈
유전

유전, 화석연료, 희토류, 희소, 희귀, 희소병,
희귀병, 안전사고

'지는 가위바위보'가 있다. 한 사람이 가위바위보 중 하나
를 먼저 내면, 상대방이 그걸 보고 지는 걸 내면 된다. 상대가
가위를 내면 보를, 바위를 내면 가위를, 보를 내면 주먹을 내
서 지면 된다. 져야 이기는 게임이다. 그런데 대개는 이기는
걸 본능적으로 내게 된다. 우리가 늘 이기려고만 했기 때문이
다. 놀이든 공부든 상대와 경쟁하는 상황에서 승리하려고 노
력하는 것에만 익숙한 탓이다.

"새 학기가 시작되었으니 넌 우정이라는 그럴듯한 명분으
로 친구들과 어울리는 시간이 많아질 거야. 그럴 때마다 네가
계획한 공부는 하루하루 뒤로 밀리겠지. 근데 어쩌지? 수능
날짜는 뒤로 밀리지 않아. 벌써부터 흔들리지 마. 친구는 너
의 공부를 대신해주지 않아."

어느 학원의 광고 문구다. 이 광고는 우리 현실을 여실히 보여준다. '경쟁 제일주의'라는 현실이다. 한국의 10대들은 성적과 입시에 대한 경쟁으로 엄청난 스트레스를 받고 있다. 학교를 졸업하고 사회에 나와도 다르지 않다. 살아남기 위해서 더 많은 경쟁을 해야 한다. 입시 앞에서는 친구도 사람도 없다. 경쟁에 쫓기는 고립된 영혼들은 제대로 된 관계를 맺기 어렵다. 만남과 헤어짐, 다툼과 화해 속에서 사람은 성숙하기 마련이다. 다양한 사람과 사귀면서 '어울려 사는 법'을 배운다. 경쟁은 이런 기회를 앗아간다.

희소한 것을 둘러싼 경쟁

정보통신 사회에서 데이터의 중요성이 점점 더 커지고 있지만, 천연자원의 중요성도 여전하다. 석유 등 천연자원을 둘러싼 국가 간 경쟁이 갈수록 치열해지고 있다. '자원 전쟁'이라는 말이 있을 정도다. 석유가 나오는 곳을 유전油田이라고 한다. 글자 그대로 석유를 캐내는 밭이라는 뜻이다.

석유, 석탄, 천연가스 등을 화석연료라고 부른다. 화석연료는 아주 오래전에 죽은 동식물이 땅속이나 바다 밑에 파묻힌 뒤, 수백만 년에서 수억 년 동안 높은 열과 압력을 받아서 만들어진다. 석탄은 열대 밀림의 유해가 변형돼서, 석유는 바다에 살았던 생물의 잔해가 변형돼서 만들어진다. 화석처럼 땅속에 묻혀 있다가 연료로 쓰이기 때문에 '화석'연료라고 부른다.

최근에 스마트폰 등 첨단 제품에 필수적으로 들어가는 원재료로 희토류가 주목받고 있다. 특히 일부 국가가 자원을 무기화하면서 '희토류 무기화'라는 말도 등장했다. 얼핏 외국어같이 들리지만, 사실 희토류는 '稀土類'라는 한자어다. '희소稀少하다'의 '희稀'가 들어 있다. 희토류는 원자번호 57에서 71까지 열다섯 개 원소에 스칸듐·이트륨을 더한 열일곱 개의 원소를 이른다.

'희소'는 흔하지 않고 적다는 뜻이다. 희소와 비슷한 말로 희귀稀貴가 있다. 희귀는 드물어서 매우 귀하다는 의미다. 두 말은 경우에 따라서는 대체할 수도 있지만, 서로 대신할 수 없는 경우도 있다. '희귀병' '희귀 질환'이 대표적이다. 매우 드물어서 쉽게 걸리지 않는 병을 이르려면 희귀병보다 희소병이 적합하다. 병을 귀하다고 말하기는 어렵기 때문이다. '희귀 질환'도 마찬가지다. 참고로 〈표준국어대사전〉에는 희소병, 희귀병 모두 표제어로 올라와 있지 않다.

'안전사고'라는 표현도 희귀병과 비슷한 오류를 보여준다.

공사장 등에서 안전교육의 미비 또는 근로자의 부주의 등으로 인해 발생하는 사고를 안전사고라고 한다. 그런데 안전한 사고는 없다. 안전을 지키지 않아서 일어난 사고다. '안전 불감증 사고'가 맞겠다.

경쟁이 다가 아니다

치열한 경쟁은 개인과 사회를 발전으로 이끈다. 그러나 개인과 사회를 불행하게 만드는 경우도 적지 않다. 재벌이, 인기 절정에 오른 연예인이 우울증에 빠지거나 심지어 자살에 이르는 안타까운 일도 벌어지곤 한다.

"너 왜 윤호랑 놀아? 윤호랑 놀면서 때리고 다치고 매일 상처 내고 장난도 심하고…."

"요번엔 나도 때렸는데?"

"그래서?"

"윤호가 날 팍 때렸어. 그래서 나도 때렸어. 그리고 윤호가 또 때리고…."

"그래서?"

"같이 놀았는데?"

"이윤! 너 바보야? 그러면 다시 때려야지?"

"또?"

"그래, 걔가 때리면 너도 때렸어야지?"

"윤호가 때리면 내가 때리고, 그러면 윤호가 때리고… 그러면 언제 놀아? 그냥 놀고 싶은데….'"

영화 〈우리들〉에 나오는 장면이다. 누나는 남에게 지면 절대 안 된다고 생각한다. 아마도 학교에서 왕따를 당하면서 누나의 마음은 황폐해졌을지 모른다. 그런 누나에게 한참 어린 동생은 '그러면 언제 놀아?'라고 되묻는다. 동생의 말에는 이런 의미가 담겨 있지 않을까? 함께 살아가다 보면 가끔 지는 경우도 있고, 어울려 살다 보면 손해 볼 수도 있다는 의미 말이다. 남에게 져준다고 패배자는 아니다.

경쟁과 경쟁자를 의미하는 영어 'competition'은 라틴어 'compedare'에서 왔다. 여기서 'com'은 '함께'를 의미하는 접두어다. 즉 경쟁은 최선의 결론을 '함께 추구하다'라는 의미를, 경쟁자는 적이 아닌 '함께 최선의 것을 추구하는 동반자'라는 의미를 갖는다. 그러나 우리는 경쟁을 투쟁으로, 경쟁자를 적으로 보는 경향이 있다. 오로지 상대를 이기는 것만을 최고의 가치로 여긴다.

모든 것을 '경쟁의 논리'로 바라보고, 그 경쟁에서 언제나 승자가 돼야 한다고 여기는 사람은 오로지 자기만 생각하는 사람이다. 이외수 작가의 말에 따르면 나만 생각하는 사람, 즉 '나뿐인 놈'은 '나쁜 놈'이라고 한다. 함께 어울려 살지 못하는 사람이 '나쁜 놈'이다. 한 명의 열 걸음보다 열 명의 한 걸음이 더 소중하다.

낮은 곳이 있어야 높은 곳도 있다
금자탑

금자탑, 상아탑, 우골탑, 아성

세상은 거대한 피라미드로 이해할 수 있다. 피라미드의 꼭대기만 쳐다보는 사람이 있는가 하면, 피라미드의 밑변을 굽어보는 사람도 있다. 여러분은 어느 쪽인가? 우리는 대체로 꼭대기를, 1등을 바라본다. 작가 트리나 폴러스의《꽃들에게 희망을》에는 거대한 탑이 나온다. 수많은 애벌레가 탑의 꼭대기에 오르려고 아등바등 애쓴다. 그런데 꼭대기에 오른 애벌레만이 최종 승자일까?

스위스 세계경제포럼의 연차 총회, 이른바 다보스포럼의 개막 전날에 국제구호개발기구 옥스팜Oxfam은 불평등 보고서를 공개한다. 옥스팜의 불평등 보고서에 따르면, 2019년 기준 세계 최상위 부자 2000여 명이 가진 돈이 세계 인구의 60퍼센트(46억 명)가 가진 돈보다 더 많다. 상위 1퍼센트의 부자는 나머지 99퍼센트보다 두 배 이상의 재산을 소유한 것으로 집계됐다.

부는 어디에서 왔을까? 식물이 있어 동물이 있듯이, 밑변이 있어서 삼각형의 꼭짓점이 있는 것이다. 부도 마찬가지다. 피라미드는 노예 또는 임금 노동자의 노동에서 나왔다. 그들의 노동이 없었다면 거대한 건축물도 없었을 것이다. 다시 말해 우리가 누리는 평온한 일상은 누군가의 밑바닥 노동에 빚진 것이다. 환경미화원이 없다면 거리는 금세 쓰레기 천지가 되지 않을까?

금자탑과 상아탑

후세에 남을 탁월한 업적을 금자탑이라 부른다. '금자탑을 쌓다' '금자탑을 세우다'와 같이 쓴다. 금자탑金字塔은 금으로 된 탑일까? 사람들은 금자탑을 황금 산처럼 상상의 대상으로 오해한다. 금자탑은 실제로 존재하는 건축물이다. 바로 피라미드다.

가장 잘 알려진 피라미드는 높이 146미터, 밑변이 230미터로 피라미드 중 가장 크기가 거대해 '대피라미드'라 불리며, 쿠푸 왕 시대 약 20년에 걸친 대공사 끝에 기원전 2560

년경 완성됐다. 중국인들이 피라미드를 자기 나라말로 바꾸면서 금자탑이라고 했다. 삼각형으로 우뚝 솟은 피라미드의 모습이 한자 금金과 비슷하다는 점에 착안한 이름이다. 금金자字 모양의 탑塔이라는 뜻이다. 지금도 중국에서는 피라미드를 금탑, 금자탑이라고 부른다.

상아탑象牙塔이라는 말도 있다. 상아는 코끼리의 엄니를 가리킨다. 코끼리는 죽을 때가 되면 코끼리들이 죽는 장소로 모이는 습성이 있다고 한다. 그래서 코끼리의 무덤에는 상아가 쌓여 탑을 이루고 있다고 한다. 비록 몸은 썩어 없어지지만 상아만은 마지막까지 남아 있다고 해서 '코끼리의 가장 소중한 것'이라고 불리기도 한다.

상아탑은 흔히 속세를 떠나 조용히 들어앉아 오로지 학문이나 예술에만 몰두하는 태도를 가리킨다. 또는 학자들의 현실도피적이고 관념적인 태도나 연구 공간을 의미하기도 한다. 아마도 여기서 순수 학문을 지향하는 대학을 비유하게 된 듯하다. 프랑스의 문예 비평가 생트뵈브가 속세를 떠나 자기의 예술만을 생각하며 살았던 낭만파 시인 비니를 '상아탑에 틀어박히다'라고 말한 데에서 유래되었다.

대학을 가리키는 말 중에 우골탑牛骨塔이라는 표현도 있다. 가난한 농가에서 소를 팔아 어렵게 마련한 등록금으로 지은 건물이라는 의미로, '대학'을 속되게 이르는 말이다.

아성牙城이라는 말도 있다. '아성이 무너지다' '아성을 깨뜨리다'처럼 쓴다. 뭔가 중요한 것이 무너진다는 뜻이다. 옛날 중국인들은 코끼리의 상아, 즉 엄니가 무리를 지켜준다고 믿었다. 그래서 장수의 깃발에도 상아를 꽂아 장식했다. 그 상아 깃발을 아기牙旗라 불렀다. 대장군이 거처하는 성, 즉 성곽의 중심부는 아성牙城이 됐다. 지금은 아주 중요한 근거지를 아성이라고 한다.

진짜 1등은?

"2등은 1등에게는 졌지만 3등한테는 이긴 것"이라고 누군가는 말했다. 3등 역시 2등에게는 졌지만 4등한테는 이겼다. 4등이나 5등도 마찬가지다. 그렇게 모두가 승자라고 할 수 있다. 이 말은 이렇게 이해할 수도 있다. 1등은 2등이 있어서 존재하고, 2등은 3등이 있어서 존재한다는 것이다. 그런 식으로 3등은 4등 덕분에, 4등은 5등 덕분에 존재한다. 꼴등의 의미도 여기에 있지 않을까? 꼴등이 있기 때문에 꼴등 바로 앞이 있는 것이다. 1등, 2등, 3등… 이 모든 위계는 꼴등이 떠받치고 있기 때문에 가능하다.

《꽃들에게 희망을》에서 거대한 탑을 이루는 실체는 애벌레들이었다. 정상에 오른 애벌레도 다른 애벌레들을 짓밟았기에 그곳에 설 수 있다. 예외는 없다. 이 관점을 자연에 적용해보자. 지구를 거대한 피라미드라고 해보자. 식물은 피라미드를 떠받치는 바닥이고, 그 위에 동물이 있고, 피라미드의 꼭대기에 인간이 있다. 그럼 만물의 척도인 인간이 모든 것의 지배자일까? 소설가 김초엽은 《지구 끝의 온실》에서 완전히 반대라고 말한다. 인간을 비롯한 동물은 식물이 없으면 살 수 없지만, 식물은 동물이 없어도 얼마든지 살아간다.

어떤 물건과 그 물건의 그림자를 생각해보자. 물건이 없으면 그림자도 없다. 그러나 그림자가 없어도 물건은 있다. 사방이 환한 곳에 물건을 두면 그림자는 생기지 않는다. 그렇다고 물건이 사라지는 것은 아니다. 물건이 그림자보다 더 본질적이다. 식물은 세상의 밑변이자 기둥이다. 세상을 받치는 기둥인 식물이 없으면 다른 생물도 존재하기 어렵다. 인간은 지구의 주인이 아니다. 잠시 머물다 가는 나그네일 뿐이다.

성장에 필요한 경험을 사자
볼 장

볼 장, 딴전, 딴청, 딴죽

사람들은 충동적으로 물건을 산다. 슬프거나 우울하거나 불안하거나 스트레스를 받으면, 그러한 감정을 풀기 위해서 뭔가를 구매한다. 일종의 보상 심리다. 힘들었던 자신에게 음식과 쇼핑으로 보상해주는 것이다. 한 연구 결과에 따르면 쇼핑을 하면 뇌에서 도파민이 분비되고 심리적 안정과 만족감을 느낀다고 한다. 여기에 길들면 쇼핑 중독에 빠지게 된다.

쇼핑 중독은 처음에는 자주 사는 습관에서 시작한다. 그러다 사용하지 않은 물건, 심지어 포장을 뜯지도 않은 물건들이 집 안에 넘쳐나는데도 계속 사는 상태에 이른다. 방에는 포장을 풀지도 않은 물건들이 넘쳐, 정작 내가 쉬고 누울 공간조차 없다. 살기live 위해서 사는buy 것이지, 사기buy 위해서 사는live 것이 아닌데 말이다.

"문명화란 불필요한 필요의 끝없는 확장이다"라는 마크 트웨인의 말처럼, 소비욕이란 불필요한 필요의 끝없는 생산이 아닐까? 우리는 이 사실을 '소비'라는 단어에서 확인할 수 있다. 1900년대 초반까지만 하더라도 소비라는 단어는 부정적으로 쓰였다. 소비는 낭비, 약탈, 탕진, 고갈을 의미했다. 소비를 뜻하는 'consumption'은 당시까지 폐결핵을 뜻하는 말이기도 했다. 아마도 몸을 축내고 탕진시키는 병의 특성에서 'consumption'이 폐결핵이자 소비를 뜻하게 되었을 것이다.

사회심리학자 에리히 프롬은 《소유냐 존재냐》에서 "현대인은 버리기 위해서 사들인다"라고 지적했다. 이용하기 위해서가 아니라 버리기 위해서? 우리는 '결핍이 결핍할 정도로' 모든 게 풍족한 세상에서 살고 있다. 멀쩡한 물건들이 아무렇지 않게 버려진다. 낡거나 헐거나 닳아서가 아니다. 신상품이 나오면 이전 상품은 버려져야 한다. 그러니 '버리기 위해서'라고 말해도 무방하지 않겠는가? 그런 의미에서 소비는 대체로 낭비다.

볼 장과 딴전

'볼 장 보다'와 '볼 장 다 보다'라는 표현이 있다. 여기서

'장'은 시장을 뜻한다. 볼 장을 둘러보았다는 것이다. 그런데 두 표현은 엄연히 의미가 다르다. '볼 장 보다'는 하고자 하는 바를 되게 한다는 뜻이다. '우리는 우리 볼 장 봤으니 그만 가자'처럼 쓴다. 반면에 '볼 장 다 보다'는 더 이상 손댈 수 없을 정도로 일이 틀어질 때 쓰는 표현이다. '마약에 빠진 그는 볼 장 다 봤다'처럼 쓴다.

시장을 얘기하면 가게를 빼놓을 수 없다. '딴전 피우다'라는 말이 있다. '딴전'의 '딴'은 '다른'의 옛말이다. 이 '딴'을 쓰는 말로 '딴마음, 딴사람, 딴살림, 딴판' 등이 있다. '전'은 한자어로 가게 전廛으로, 즉 물건을 사고파는 가게를 말한다. 쌀을 파는 '싸전', 생선을 파는 '어물전', 옷감을 파는 '포목전'의 '전'과 같다. 딴전은 '다른 가게'라는 뜻이다.

자기 장사를 놔두고 남의 장사를 봐주거나 다른 곳에 또 다른 장사를 펼쳐놓으면 딴전을 부린 것이다. 어떤 일을 하고 있는데 그 일과는 전혀 상관없는 행동 등을 할 때가 있다. 이런 경우에 '딴전을 피우다' '딴전을 부리다'라고 말한다.

'딴전'과 같은 뜻으로 쓸 수 있는 표현으로 '딴청'이 있다. '딴청을 피우다' '딴청을 부리다' 같은 식으로 쓴다. '한 가지 의미를 나타내는 형태 몇 가지가 널리 쓰이며 표준어 규정에 맞으면, 그 모두를 표준어로 삼는다'라는 표준어 규정이 있다. 이 규정에 따라 '딴전'과 '딴청'은 둘 다 표준어로 인정받는다.

딴죽이라는 말도 있다. '딴족'이 원말이다. '딴'은 '다르다', '족'은 '발'을 뜻한다. 그러니 '딴죽'은 '다른 사람의 발'이다. 딴죽은 씨름, 태견 등에서 발로 상대의 다리를 옆으로 치거나 끌어당겨 넘어지게 만드는 기술을 뜻한다. '딴죽을 걸다'는 본래 상대편의 다리를 슬쩍 건다는 뜻이지만, 관용적으로 동의했던 일을 딴전을 부려 지키지 않는다는 의미로 쓰인다.

물건이 아니라 경험을

'자신에게 필요하지 않은 것을 사는 사람은, 자신이 필요로 하는 것을 팔 수밖에 없다'라는 일본 속담이 있다. 옛날 같으면 불필요한 것을 지나치게 사다가, 꼭 필요한 식량이나 세간살이를 파는 경우가 있었을 것이다. 오늘날은 어떨까? 불필요한 것을 너무 많이 사다 보면 수입을 넘어서게 된다. 특히 비싼 명품 같은 걸 사다 보면 그렇다. 그런 사람은 자신에게 꼭 필요한 시간을 팔 수밖에 없다. 더 많이 일해야 하니까.

철학자 강신주는 《상처받지 않을 권리》라는 책에서 "자본주의에서 자유는 돈을 가진 자의 자유, 소비의 자유에 불과할

뿐입니다. (…) 우리는 소비의 자유를 위해서 돈의 노예가 된 사실을 심각하게 생각하지 않습니다"라고 했다. 상품을 자유롭게 선택한다고 해서 노예가 아닌 것은 아니다. 진짜 자유는 소유하려는 마음에서 벗어나는 것이다.

만족에 이르는 길은 두 가지다. 더 많은 것으로 채우거나 욕심을 비우거나. 욕심을 비우자는 것이 아무것도 소비하지 말자는 뜻은 아니다. 누구나 물건을 사면서 행복을 느끼는 것은 사실이다. 그러나 그 행복감은 오래가지 않는다. 행복학을 펼치는 전도사들은 더 행복해지려면 물건이 아니라 경험(여행, 공연 관람 등)을 사라고 충고한다. 명품을 구매하는 것보다 경험을 사는 게 사람을 훨씬 더 행복하게 만든다. 서울대 심리학과 최인철 교수는 《굿 라이프》에서 "사는buy 것이 달라지면 사는live 것도 달라진다"라고 말한다.

인간은 항상 더 많은 것을 갖고 싶어 한다. 철학자 버트런드 러셀은 우리의 욕구를 둘로 나눈다. 성장 욕구와 소유 욕구가 그것이다. 성장 욕구가 가치 있는 무언가를 만들고픈 마음이라면, 소유 욕구는 무언가를 손에 넣고 싶어 하는 마음이다. 경험을 사는 것이 성장 욕구와 관련된다면, 물건을 사는 것은 소유 욕구와 관련된다. 풍부한 경험은 사람의 내면을 풍요롭게 만든다.

우월과 열등은 정말 있는 걸까?
서양

서양, 양치, 동양, 구미, 구라파

1872년 메이지 일왕은 앞장서서 소고기를 먹었다. 많은 일본인이 놀랐다. 육식을 금지하는 불교가 뿌리내린 지 이미 1200년이나 된 일본에서 소고기는 금기 식품이자 혐오 식품이었다. 그런데 일본 지식인들은 서양만큼 강해지려면 하나부터 열까지 모두 바꿔야 한다고 외쳤다. 서양인처럼 큰 키와 몸을 가지려면 그들처럼 소고기를 먹어야 한다고 했다. 소고기는 문명개화의 상징으로 여겨졌다.

당시 일본인들은 서양을 기준에 놓고 서양의 관점에서 생각했다. 머리부터 발끝까지 모두 서양에 맞추려고 했다. 서양은 앞선 문명의 모범이었다. 일본인들에게 서구식 관점은 당연하고 자연스러웠다. 아직도 아메리카 대륙의 원주민들을 '인디언(인도 사람)'이라 부르고, 중앙아메리카 동쪽 섬들을

'서인도 제도諸島'라고 부른다. 콜럼버스가 자신이 발견한 땅을 인도의 서쪽으로 믿은 결과가 지금까지 이어져오고 있다. 비서구에서조차 서구식 관점은 자연스럽다.

영문학자 에드워드 사이드는 《오리엔탈리즘》에서 이런 태도를 오리엔탈리즘으로 규정했다. 오리엔탈리즘이란 서양이 우월하다는 관점에서 동양을 바라보는 태도를 일컫는다. 오리엔탈리즘에 따르면 서양은 우월하고 나머지 지역은 열등하다. 이 관점에 갇히면 동양인마저도 서양의 잣대에 따라 스스로를 열등하다고 여긴다.

서양과 동양

양복, 양옥, 양치, 양말. 제시한 단어 중 서양을 뜻하는 '양'이 아닌 것은 무엇일까? 정답은 '양치'다. 양치질은 버드나무에서 유래했다. 선조들은 버드나무 가지를 솔처럼 만들어 이를 닦았다. 이를 '양지질'이라 불렀다. 여기서 양지楊枝는 버드나무 가지라는 뜻이다. 후에 일본으로 전해져 이쑤시개 문화가 생겼다. 이쑤시개를 가리키는 요지는 버드나무 가지를 가리키는 '양지'의 일본식 발음이다.

양복(양장), 양옥, 양말은 모두 서양에서 왔다. 여기서 양은 서양을 가리킨다. 우리 전통문화는 한복, 한옥, 버선이다. 양파, 양식(→한식), 양주, 양궁(→국궁), 양초, 양약(→한약), 양방(→한방), 양배추, 양상추, 양변기, 양잿물 등도 서양에서 온 것들이다.

'동양' '서양' 같은 말에서 '땅'이 떠오르는가? 의외로 '양'은 땅이 아니라 바다[洋]를 뜻한다. 중국 명나라 후기에 광저우에서 인도네시아 보르네오섬을 잇는 선을 중심으로 동쪽을 동양, 서쪽을 서양으로 불렀던 것이 한자어 동양東洋, 서양西洋의 시초다.

구미歐美는 유럽과 미국을 가리킨다. '구'는 유럽을, '미'는 미국을 의미한다. 구는 구라파의 앞 글자다. 구라파는 유럽의 음역어다. 프랑스를 불란서, 이탈리아를 이태리, 스페인을 서반아, 도이칠란트를 독일 등으로 부르는 것도 모두 음차다.

서양은 원래부터 뛰어났을까?

1889년 파리 만국박람회, '인간 동물원'이 개장했다. 유럽인들은 자신들을 '진화 피라미드'의 꼭대기에 올려놓고 식민지 침략을 발전된 문명을 널리 퍼뜨리는 일로 합리화했다. 유럽에서 시작된 인간 동물원은 미국, 일본, 호주 등에서도 개장했다. 서양을 맹목적으로 추종한 일본도 1907년 도쿄 권업 박람회에서 조선인을 포함해 여러 나라의 인종을 전시했다. 비인간적인 인간 동물원은 세계 각지에서 1958년까지 존속했다.

백인의 관점에서 흑인이나 황인은 유색인종people of color일 뿐이다. 여기서 유색有色은 그러니까 색깔이 있다는 뜻이다. 유색이 아니라는 백인을 기준으로 다른 인종을 비정상적 피부색을 가진 사람들로 구분하는 말이다. 백인에게 무시당한 우리는 인종차별 문제에 있어서 떳떳할까? 유색인종에 속하는 한국인도 그 말을 쓴다. 마치 스스로를 백인이라고 생각하는 것처럼 말이다. 유색인종으로 흑인과 비슷한 취급을 당할 때는 억울해하면서도, 우리 역시 백인의 시선으로 저개발국을 바라본다.

19세기 말, 캘리포니아 증기선의 특실과 일반실 손님들은 크게 차이가 났다. 특실 식당이나 일반실 식당이나 음식은 충분했지만, 분위기는 완전히 달랐다. 특실 식당칸에서는 서로 양보하며 품위 있게 식사했다. 반면 일반실 분위기는 정반대였다. 일반실 식당칸에서는 식사 때마다 혼란이 벌어졌다. 경제학자 헨리 조지는《진보와 빈곤》에서 두 선실의 차이를 인격이 아니라 구조의 문제로 설명한다. 특실은 지정석이 정해져 있어서 음식이 골고루 돌아가지 않으리라는 공포가 없었다. 반면에 일반실은 효율적인 서비스를 보장할 규정이 없었다. 그러다 보니 서로 음식을 차지하려는 쟁탈전이 벌어지기 일쑤였다.

처지가 달라지면 생각과 행동도 달라진다. 특실 손님도 일반실에 가면 똑같이 행동하기 마련이다. 일반실 손님도 특실에 머물면 예의 바른 사람이 된다. 살림살이가 팍팍하면 화도 쉽게 나고 말투도 거칠어지곤 한다. 반대로 생활이 여유로우면 표정이 온화해지고 말투가 부드러워지는 경우가 많다. 서구 선진국과 아시아·아프리카 등 개도국 국민의 차이도 비슷하게 이해할 수 있다. 국민성의 차이가 빈부의 차이를 낳은 게 아니다. 국민성은 빈부의 원인이 아니라 결과다.

서양이 그렇게 될 자격을 원래부터 부여받은 것은 아니다. 1600년대 전 세계 은의 4분의 3은 페루 포토시 광산(현재는 볼리비아 영토)에 매장돼 있었다. 당시 페루는 스페인 식민지였다. 스페인은 막대한 부를 수혈받았다. 그렇다면 유럽이 식민지 개척에 나설 수 있었던 배경은 뭘까? 문화인류학자 재레드 다이아몬드의 《총, 균, 쇠》는 '왜 백인들이 세계사의 주류가 되었을까?'라는 질문에 답해준다. 원래부터 뛰어나서가 결코 아니다.

3루에서 태어난 사람이 마치 자기가 안타를 쳐서 그 자리에 있는 것처럼 굴어선 안 된다. 자신이 누리는 행운의 결과를 당연하게 여기면, 타인이 겪는 불운의 결과를 그들 책임으로 비난하게 된다.

8장

더 깊고, 더 크게 생각한다는 것

프레임에 따라 세상이 달라진다
매화틀

매화틀, 용수, 용안, 용루, 용포, 용상, 용거, 등용문

하늘에서 내리는 눈은 무슨 색깔일까?

A4 용지는 무슨 색깔일까?

그럼 젖소는 뭘 마실까?

마지막 질문의 답은 우유가 아니라 물이다. 베르나르 베르베르의 《뇌》에 나오는 내용이다. 이 사례는 '암시'의 힘을 보여준다.

"이름에 무엇이 있는가? 장미를 무엇이라 부르건 달콤한 향기는 여전하다."

《로미오와 줄리엣》에 나오는 말이다. 셰익스피어의 말은 상식에 부합하지만, 과학에는 부합하지 않는다. 영국 옥스퍼드대 에드먼드 롤스 교수의 연구팀에 따르면, 사물의 이름에 따라 냄새를 다르게 느낀다고 한다. 장미를 호박꽃이라고 부

르면 덜 향기롭게 느껴지지만, 고약한 냄새를 풍기는 사물에 그럴듯한 이름을 붙이면 냄새가 덜하다고 느낀다.

그 이름 함부로 부르지 말지어다

경복궁을 가본 적 있나? 이상하게도 경복궁 어디에도 화장실이 없다. 임금님도 똥을 쌌을 텐데, 화장실은 왜 없을까? 지금까지 복원된 곳은 궁궐의 중심부다. 즉 왕과 왕비가 머물던 곳을 중심으로 복원됐다. 그런데 왕과 왕비는 화장실을 쓰지 않았다.

왕과 왕비는 화장실이 아니라 매화틀에다 용변을 봤다. 매화틀은 이동식 변기다. 임금의 대변은 감히 '똥'이라고 부르지 않았다. '매화'라고 불렀다. 그래서 변기도 매화틀이라 했다. 대변을 매화라고 부르면 냄새가 덜했을까? 앞의 실험을 참고하면 그렇게 말할 수도 있겠다. 임금의 오줌도 오줌이라고 말하지 않았다. 용수龍水라고 했다. 글자 그대로 풀이하면 '용의 물'이라는 뜻이다.

용은 기린·봉황·거북과 함께 상서로운 동물의 하나로 꼽힌다. 용의 모습은 특이하다. 얼굴 생김새는 돼지 코에 토끼 눈, 소의 귀를 닮았다. 몸은 거대한 뱀처럼 기다랗다. 머리에는 사슴뿔이 달려 있고 온몸에는 비늘이 덮여 있다. 발은 호랑이 앞발과 비슷하나 발톱은 매의 발톱을 하고 있다. 온갖 동물의 형상을 모아놓은 모습이다.

왕과 관련된 것들에는 대개 용龍이 들어간다. 임금의 얼굴은 용안龍顔이라 불렀고, 임금의 눈물은 용루龍淚라고 했으며, 임금의 수염은 용수龍鬚라고 했다. 임금의 옷은 용포龍袍, 임금이 정사를 돌볼 때 앉는 상은 용상龍床, 임금이 타는 수레는 용거龍車라고 칭했다.

등용문이라는 말이 있다. 등용문登龍門은 '등+용문'의 구조다. 용문에 오른다는 뜻이다. 중국 황하 중류에 험하고 물이 급하게 흐르는 곳을 용문이라고 부른다. 잉어가 이곳을 오르면 용이 된다는 전설이 있다. 등용문은 이 전설에서 유래한다. '어려운 관문을 통과해 출세하게 된다', 혹은 '그 관문'을 뜻하는 말이 됐다. '등용문하다'라는 동사로도 쓰인다. 힘든 관문을 통과해 높은 지위에 오르거나 유명해진다는 의미다.

프레임을 바꾸자

이름이 달라진다고 대상에 대한 생각과 느낌이 정말 달라질까? 코넬대 연구팀이 뉴욕에 있는 두 곳의 학교에서 1552

명의 어린이를 대상으로 실험을 했다. 식당에서 어린 학생들에게 음식을 제공하면서 'X레이 비전 당근X-ray Vision Carrots' '근사한 강낭콩Silly Dilly Green Beans' 등과 같은 재미있는 이름을 붙였다. 이들 학교에서는 이전보다 채소 섭취가 99퍼센트 증가했다.

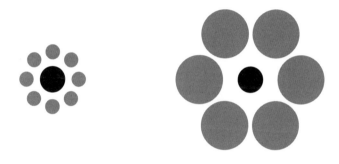

그림 중앙에 있는 원을 보자. 왼쪽과 오른쪽 중 어느 쪽이 더 클까? 왼쪽이 더 커 보이지만, 실제로는 두 원의 크기가 같다. 같은 대상이라도 어떤 틀 속에 넣고 보느냐에 따라 다르게 보일 수 있다.

사람의 지각이나 생각은 아무것도 없는 진공 속에서 이루어지지 않는다. 언제나 특정한 맥락이나 관점, 평가 기준 아래서 일어난다. 그런 맥락, 관점, 평가 기준 등을 한마디로 '프레임'이라고 부른다. 프레임에 따라 세상은 다르게 보인다.

사람들은 자기 경험에 갇혀 보고 싶은 것만 보는 경향이 있다. 보이는 것은 있는 그대로의 모습이 아니라 자기가 보고 싶은 모습이다. 철학자 비트겐슈타인은 "사람들은 세계를 보면서 자신의 선글라스를 벗을 줄 모른다"라고 했다. '열 십十' 자 모양을 보여주면 목사는 십자가, 약사는 녹십자, 간호사는 적십자, 교통경찰은 사거리, 기능공은 십자드라이버를 떠올린다고 한다. 자기 경험과 지식에 따라 자신이 보고 싶은 것만 보기 때문이다.

역으로 프레임을 바꾸면 세상을 좀 더 지혜롭게 살아갈 수 있다. 어떤 틀로 생각하고 받아들이냐에 따라 세상은 다르게 보인다. 다이어트를 예로 들어보자. 하루 종일 먹은 게 적어 배가 고파서 잠이 안 오는 상황이다. 미칠 것 같다. 이때도 어떤 틀로 생각하느냐에 따라 고통도 달리 받아들일 수 있다. '배고파 죽겠네'라고 생각하면 계속 괴롭다. '살이 빠지고 있구나'라고 여기며 배고픔을 살이 빠지는 느낌이라고 생각해보자. 미칠 듯한 허기도 다소 견딜 만해진다.

다름은 틀림이 아니야
갈등

갈등, 왼소리, 왼고개, 대치, 만연, 완연, 척결

오른손잡이를 위한 물건이 넘치는 세상에서 잘 만들어진 왼손잡이 물건은 불티나게 팔린다. 문구 브랜드 제브라의 '사라사 드라이SARASA dry' 볼펜은 왼손잡이 전용 볼펜이다. 볼펜 잉크가 빨리 말라서 왼손잡이가 글씨를 쓸 때 손에 잉크가 묻거나 종이에 번지지 않는다. 출시 4년 만에 600만 개 넘게 팔렸다.

오른쪽은 '바른쪽'이라고도 한다. 오른손도 '바른손'이다. 오른팔은 '바른팔', 오른발은 '바른발'이라고 한다. 오른손잡이를 '바른손잡이'라고도 한다. 반면에 '왼소리'는 사람이 죽었다는 소문이나 험한 소리를 가리킨다. '왼고개'는 왼쪽으로 돌리는 고개를 뜻한다. '왼고개를 젓다'는 반대나 부정을 의미한다. '왼고개를 틀다'는 외면한다는 뜻이다.

왼쪽을 부정적으로 여기는 것은 우리나라만의 문화는 아니다. '오른쪽'을 뜻하는 영어 라이트 right, 프랑스어 드르와 droit는 '옳음'이라는 뜻도 지닌다. 반면 왼쪽을 뜻하는 영어 레프트 left는 '버려진', 프랑스어 고슈 gauche는 '서툴다' 같은 부정적 의미를 지닌다. 심지어 일본에서는 결혼 후 아내가 왼손잡이임을 알게 되면 이혼 사유가 된다.

왼손잡이의 비율은 나라마다 차이가 난다. 전 세계 왼손잡이의 비율은 10~12퍼센트인 반면에 우리나라는 4~5퍼센트 수준이다. 우리나라의 왼손잡이 비율이 선천적으로 낮은 걸까? 그렇지는 않을 것이다. 사회적 적응과 부모 등의 강요로 인해 왼손잡이가 오른손잡이나 양손잡이로 바꾼 결과다.

갈등과 대립

우리는 모두 다르다. 똑같은 사람은 이 세상에 단 한 명도 없다. 모두가 다르기 때문에 세상은 아름다운 것이다. 자연의 아름다움도 다양성에서 온다. 다름을 인정하지 않으면 갈등이 생기기 마련이다.

갈등葛藤은 원래 칡[葛]과 등나무[藤]를 가리킨다. 칡이나 등나무는 땅을 기다가 나무를 만나면 휘감아 오르는데, 특이하게도 칡은 왼쪽으로 덩굴을 감으며 올라가고, 반대로 등나무는 오른쪽으로 덩굴을 감으며 올라간다. 결국 칡과 등나무 덩굴은 새끼줄처럼 얽히게 된다. 게다가 칡과 등나무는 질겨서 자르기도 어렵고 뿌리를 뽑기도 힘들다. 이런 질긴 나무들이 뒤엉켜 풀기 어려운 상태를, 개인이나 집단 사이에 목표와 이해관계 등이 달라서 서로 충돌하는 상태에 비유하여 나온 말이 갈등이다.

갈등과 비슷한 뜻의 단어로 대치對峙가 있다. 치峙는 우뚝 솟아 있는 산의 모양을 가리킨다. 고개가 들어설 정도의 지형인 두 산이 서로 마주보고 있는 모양이다. 결국 마주보고 섞이지 않는 상태, 즉 대립對立의 뜻으로 자리잡았다.

식물이 들어간 말 중에 '만연蔓延'이라는 단어가 있다. 만蔓은 '덩굴지다'라는 뜻이다. 식물의 줄기가 덩굴이 되어 뻗어나가는 것이다. 전염병 등의 나쁜 현상이 널리 퍼질 때 '만연하다'를 쓴다. '완연宛然'을 써야 할 자리에 '만연'을 쓰는 경우가 있는데, 이는 잘못이다. 가령 '만연한 봄'이 아니라 '완연한 봄'이 맞다. 봄은 나쁜 현상이 아니다. '완연하다'는 눈에 보이는 것처럼 매우 뚜렷할 때 쓴다.

비리나 부정부패가 만연하면 척결해야 한다. '척결剔抉'은 본래 살을 도려내고[抉] 뼈를 발라낸다[剔]는 뜻의 무시무시한 말이다. 나쁜 부분이나 부정적인 요소를 깨끗이 없애버린다는 의미로 쓰인다.

다른 것은 틀린 것이 아니다

개와 고양이는 자주 싸운다. 서로 신호가 다른 탓이다. 개는 반가우면 꼬리를 올리는데 고양이는 그걸 경계의 몸짓으로 받아들인다. 인간관계에서 갈등도 상대의 신호를 잘못 이해하거나 상대의 다름을 틀림으로 여길 때 발생한다. 인간관계에서 갈등을 줄이고 좋은 관계를 유지하기 위해서는 무엇보다 먼저 '사람은 모두 다르다'는 사실을 인정해야 한다. 다른 것을 나쁜 것으로 비난하는 일은, 하마가 기린에게 너는 왜 그렇게 목이 기냐고 비난하는 것과 같다.

다름과 틀림은 같지 않다. 영어로 말하면 다름different과 틀림wrong이 좀 더 명확히 구분된다. 틀림은 바른 것에서 어긋남을 뜻한다. A와 B의 차이는 다른 것이지 틀린 것이 아니다. '다르다'를 '틀리다'로 말하는 사람이 종종 있다. '틀린 그림 찾기'도 그중 하나다. 단순한 비교 대상을 두고 '틀림'이라는 표현을 사용하면 옳고 그름의 잣대가 적용된다. '틀린 그림 찾기'는 '다른 그림 찾기'라고 말해야 맞다. 우리는 종종

'다름'을 '틀림'으로, 더 나아가 '우열'의 근거로 판단하곤 한다.

사회적인 갈등과 차별도 다름을 틀림으로 낙인찍는 데서 비롯한다. 여성이라는 이유로, 피부가 검다는 이유로, 동성을 사랑한다는 이유로 차별받는 이들은 모두 자신의 차이를 있는 그대로 인정받지 못하고 부정당하는 존재들이다. 결국 차별은 '나는 옳고, 너는 그르다'라는 잣대에서 출발한다. 나와 같으면 옳고, 나와 다르면 그르다.

사람이 모두 다르다는 사실을 받아들이지 못하면 그때부터 관계에 금이 가기 시작한다. 갈등과 전쟁은 '다른 것'을 '틀린 것'이나 '나쁜 것'으로 보는 데서 시작한다. 머릿속에서 '다른 것＝틀린(나쁜) 것'이라는 등식을 지워야 한다. 너와 나의 다름을 인정하는 것, 즉 너의 다름을 비난하지 않는 것이 갈등 없이 조화롭게 사는 비결이다.

"이기주의란 내가 원하는 대로 사는 것이 아니라, 사람들에게 내가 원하는 방식으로 살라고 요구하는 것이다."

소설가 오스카 와일드가 한 말이다. 상대를 비판의 대상이 아니라 이해의 대상으로 보면 인간관계가 훨씬 풍요로워진다.

습관이 만들어지기 위한 시간
풍월

풍월, 풍파, 풍상, 추상같다, 추파, 추호

영단기, 공단기, 경단기…. 영어 성적 단기 완성, 공무원 시험 단기 완성, 경찰 시험 단기 완성의 줄임말이다. '단기 완성'이 넘치는 시대다. 그런데 빨리 배운 것은 빨리 사라진다. 머릿속에 억지로 욱여넣은 것들, 가령 작년 시험 때 급하게 암기했던 내용들이 기억나나? 시험을 위해 단기간에 외우고 완성한 것들은, 목적을 이루면 이내 물거품처럼 사라진다. 중고등학교 때 시험을 앞두고 외웠던 수많은 내용은 어른이 되면 거짓말처럼 깨끗하게 잊힌다.

'서당 개 3년에 풍월을 읊는다'라는 속담이 있다. 오랜 시간 관찰하다 보면 저절로 학습된다는 것이다. 과테말라에서는 소녀들이 특별한 과정을 거치지 않고 단지 관찰만을 통해 직물 짜는 법을 배운다. 심리학자 앨버트 밴듀라는 이를 '관찰 학습'이라 명명했다. 벼락치기로 공부한 내용은 벼락처럼 번쩍하고 이내 사라지지만, 오랫동안 살피고 들여다본 내용은 스펀지에 물이 스미듯 내 안에 남는다. 시간을 들여 오래 고민한 문제들, 몇 달을 끌어안고 살았던 생각들은 결국 내 안에서 뿌리를 내린다.

바람 따라 물결 따라

어리석고 부족한 사람이라도 훌륭한 사람 곁이나 좋은 환경에 오래 있다 보면 저절로 얻어 배우거나 긍정적인 영향을 받게 된다. 그런 뜻이 '서당 개 3년에 풍월을 읊는다'라는 속담에 담겨 있다. 여기서 풍월風月은 '음풍농월吟風弄月'의 준말이다. 바람을 노래하고 달을 가지고 논다는 뜻으로, 자연 속에서 시를 지으며 즐긴다는 말이다.

바람이 들어간 말에 풍파風波가 있다. 세찬 바람과 험한 물결을 가리키는 말이다. 세상살이의 힘듦이나 고통을 비유하기도 한다. 비슷한 말로 풍상風霜이 있다. 풍상은 바람과 서리를 이른다. 모질게 겪은 세상의 어려움과 고생을 비유적으로 의미하기도 한다. 서리가 들어간 말 중에 '추상같다'는 표현이 있다. 추상秋霜은 가을의 차가운 서리를 뜻한다. 추상같다는 호령 등이 위엄하고 서슬이 푸를 때 쓰는 말이다.

이성의 관심을 끌기 위하여 은근히 보내는 눈길을 추파라고 한다. '추파를 던지다' '추파를 흘리다'처럼 사용한다. 추파秋波는 원래 가을철의 잔잔하고 맑은 물결이다. 당나라 시인 이백의 시에서 처음 쓰였다고 한다.

가을 물결이 어떻게 이성에게 보내는 눈길이 됐을까? 물결은 끊임없이 움직인다. 어떻게 보면 무슨 신호를 보내는 것처럼 비친다. 마음의 미묘한 일렁임 같기도 하다. 그래서 '이성의 관심을 끌고자 은밀하게 보내는 눈길'이란 뜻이 생겨났을 것이다. '환심을 사기 위해 아첨하는 태도나 기색'이라는 의미도 더해졌다.

'추호의 의심도 없다'에서 추호는 무엇일까? 추호는 가을 추秋, 가는 털 호毫로 이루어져 있다. 가을철에 털갈이하여 새롭게 난 짐승의 가는 털을 추호라고 한다. 가을이 되면 동물들은 듬성듬성한 여름털을 벗고, 가늘고 촘촘한 겨울털로 털갈이를 한다. 그래야 겨울철에 체온을 유지하고 생명을 보존할 수 있다.

추호는 매우 적거나 조금인 것을 뜻하기도 한다. 가을에 나는 털은 유독 가늘고 얇은 편이라서 눈에 잘 보이지 않을 정도다. 깃털 중에서도 아주 가는 털이다. 여기에서 '매우 적다'는 의미가 생겨났다.

관찰 학습

1961년 심리학자 앨버트 밴듀라는 '보보 인형 실험'을 했다. 3~6세의 어린이들을 세 그룹으로 나누어 첫 번째 그룹엔 성인이 인형을 공격하는 모습을 보게 하고, 두 번째 그룹엔 성인이 인형에게 어떤 공격도 가하지 않는 모습을 보게 하고, 세 번째 그룹은 이 두 가지 모습 중 어떤 것에도 노출시키지 않았다. 공격적 성향의 모델을 보았던 아이들은 다른 두 그룹의 아이들에 비해 인형에게 공격적인 행동을 더 많이 했다. 아이들은 다른 누군가의 행동을 봄으로써 사회적 행동을 배운다는 사실을 알 수 있다. 지금이야 당연한 상식 같지만, 심리학적으로 이를 증명한 최초의 연구가 '보보 인형 실험'이다.

'관찰 학습'은 단기간에 이루어지지 않는다. 우리 뇌는 처음 시작한 지 21일이 되지 않은 행동에 거부반응을 보인다고 한다. 아직 그 행동을 입력해놓을 '기억 세포'가 만들어지지 않았기 때문이다. 우리가 반복적으로 하는 행동을 뇌가 받아들이고, 그 행동을 습관으로 기억하는 데는 21일이 걸린다. 다시 말해 어떤 행동을 습관으로 길들이고 싶다면 최소한 21

일간 같은 행동을 되풀이해야 한다. 우연이겠지만 〈단군신화〉에서 곰이 사람이 되는 데도 21일이 걸렸다. 달걀에서 병아리가 깨어나는 데도 21일이 걸린다.

신라의 장군 김유신은 젊은 시절 술집에 자주 갔다. 그러다가 어머니에게 크게 꾸지람을 들었다. 김유신은 어머니의 꾸중을 듣고 다시는 술집을 찾지 않겠다고 다짐했다. 그런데 어느 날, 말을 타고 집으로 가는 길에 잠시 딴생각에 빠졌다가 정신을 차리고 보니 자신이 술집 앞에 있는 것이 아닌가? 김유신을 태운 말이 자주 다녔던 길을 따라 술집 앞까지 온 것이다. 김유신은 그 자리에서 말의 목을 베었다. 말이 좀 불쌍하긴 하지만, 김유신 입장에서는 자신의 과거 습관을 끊겠다는 의지를 강력히 표현한 셈이다.

습관은 그만큼 바꾸기 어렵다. 영어에서 습관habit은 원래 의복이나 옷감 등을 의미했다. 그 흔적이 복장habiliment이나 승마복riding habit 같은 단어에 남아 있다. 늘 입던 옷 스타일을 바꾸기가 쉽지 않듯이, 습관을 바꾸는 일도 쉽지 않다. 공부 습관도 마찬가지다. 공부하겠다고 굳게 마음먹더라도 작심삼일로 끝나기 마련이다. 그래서 새로운 습관을 형성하려면 많은 노력이 필요하다.

내 능력은 정말 내 것일까?
천생

천생, 천부, 천치, 전천후, 우천, 염천, 노숙자,
노점상, 노천, 노지

셰익스피어에게 그와 똑같은 재능을 지닌 여동생이 있었다면 어떻게 되었을까? 영국은 두 명의 셰익스피어를 갖게 되었을까? 셰익스피어의 여동생은 천재적인 재능을 타고났지만 학교에 가지 못한다. 오빠가 라틴어로 된 고전을 읽는 동안 여동생은 양말을 꿰매거나 수프를 끓이는 등 집안일을 한다. 그러다 부모가 결혼을 강요하자 그녀는 집을 나와 런던으로 향한다. 하지만 오빠처럼 극작가가 되는 길은 열리지 않는다. 극장 주변을 배회하던 그녀는 겁탈을 당하고 원치 않는 임신으로 힘겨운 인생을 살다가 결국 스스로 목숨을 끊는다. 그녀의 재능은 꽃피지 못하고 사장된다. 아무도 그녀를 기억하지 못한다.

작가 버지니아 울프의 《자기만의 방》에 나오는 가상의 이야기다. 셰익스피어의 재능도 그가 남자로 태어났기에 꽃피울 수 있었던 게 아닐까?

하늘이 스며든 말들

선천적인 능력은 태어날 때부터 타고나는 능력이다. '타고났다'는 의미로 천생天生, 천부天賦 등의 말을 쓴다. 천부는 하늘이 줬다는 뜻이다. 천부인권天賦人權은 인간이 태어나면서부터 지니고 있는 권리를 말한다. 자기 보존이나 자기 방위의 권리, 자유나 평등의 권리 등이 있다.

천치天癡는 선천적으로 정신 작용이 불완전하여 어리석고 못난 사람을 뜻한다. '치'는 어떤 일에 서툴거나 그 일을 잘 못하는 사람을 가리킨다. 길눈이 어두운 사람을 가리켜 길치, 방향감각이 떨어지는 사람을 일러 방향치라고 한다. 노래 부를 때 음을 잘 못 잡는 사람은 음치, 박자가 제멋대로인 사람은 박치라고 한다. 춤을 잘 못 추는 사람은 몸치, 기계를 잘 다루지 못하는 사람은 기계치라고도 한다. 몸치, 기계치는 아직 〈표준국어대사전〉에 없는 말이다.

'전천후 활약' 같은 말에서 전천후는 무슨 뜻일까? 전천후全天候는 어떠한 기상 조건에도 관계없이 제 기능을 할 수 있다는 뜻이다. 비유적으로 말할 수는 있겠지만, '전천후 선수' '전천후 투수' 같은 말은 적절하지 않다. '천'이 들어가는 말은 더 있다. 비 오는 날씨를 우천雨天이라고 한다. 매우 더운 날씨는 염천炎天이다. 비슷한 말로 열천熱天도 있다.

길이 아닌 이슬

노숙자, 노점상 등에서 '노'를 길 로路로 생각한다. 그래서 많은 사람이 '길에서 잠자는 사람' '길거리에서 하는 장사' 정도로 알고 있을 것이다. '길'을 연상한 탓이다. 하지만 노숙자의 '노'는 이슬 로露다. 노숙露宿은 한데에서 새벽이슬을 맞으며 잔다(살아간다)는 뜻이다. 순우리말로 '한뎃잠'이라고 한다. 노점露店도 마찬가지다. 노점은 한데에서 장사하는 곳을 뜻한다.

'한데'는 주위를 둘러봐도 가리거나 덮을 게 아무것도 없는 곳, 곧 집 바깥을 이른다. 한자어로 하면 '노천露天'이다. 노천탕, 노천카페, 노천극장, 노천강당 등이 있다. 모두 한데에 만들어놓은 시설이다. 한데에 있어서 이슬을 맞고 하늘을 볼 수 있다는 뜻을 담고 있으니 절묘한 작법이다.

'노지露地 재배'라는 말도 있다. 작물을 비닐하우스가 아닌

땅에서 재배했다는 뜻이다. 지붕 등으로 덮거나 가리지 않은 맨땅에서 심어 가꾸었다는 것이다.

성공은 어디에서 오는가?

"무지한 체제하에서는 천재 수학자 폰 노이만도 약국 점원이 되고, 노벨 물리학상을 수상한 엔리코 페르미도 정원사가 된다."

노벨 경제학상을 수상한 조지프 스티글리츠가 한 말이다. 아무리 뛰어난 능력도 제도적·환경적 여건이 뒷받침되어야 발현될 수 있다는 뜻이다. 어떤 과학자가 재능을 꽃피우려면 다양한 학문적·제도적·사회적 지원이 필요하다. 더 나아가 그 과학자의 재능을 인정해주고 보상해주는 사회가 있어야 한다. 재능이라는 꽃은 그런 토양 위에서 피어난다.

만약 아인슈타인이 1만 년 전에 태어났다면 어떻게 됐을까? 우리가 아는 그 아인슈타인이 될 수 있었을까? 1만 년 전에 태어났다면 그는 다른 사람들보다 좀 더 요령 있게 석기를 다듬는 신석기인에 불과했을 것이다. 천재로 태어나더라도 모든 걸 혼자서 다 할 순 없다. 아인슈타인은 상대성 원리를 발견해서 이를 수학적 언어로 정리했다. 그런데 수학이라는 도구는 아인슈타인이 만든 게 아니다.

과학적 발견과 발명은 그런 방식으로 이루어진다. 각종 실험 도구, 과학적 개념과 이론 등 자신이 만들지 않은 것들 덕분에 그는 위대한 업적을 이룰 수 있었다. 그래서 아인슈타인은 "내 삶이 나의 동료들, 즉 돌아가신 분들과 살아 있는 사람들의 노력 위에서 얼마나 많이 이루어졌는지를 늘 생각합니다"라고 말했다.

또한 아인슈타인의 재능을 알아보고 그 재능을 키워줄 시대에 태어나야, 아인슈타인은 우리가 아는 아인슈타인이 될 수 있다. 어떤 시대를 만날지는 선택이 아니라 선물이다. 우연이 준 선물!

실력에 대해서 다시 한번 생각해보자. 내 실력은 온전히 내 것일까? 지능이든 재능이든 부모든 환경이든 행운이든 남다른 기회든, 내가 선택하고 노력해서 얻은 게 아닌 수많은 것이 성공에 영향을 미친다. '나 때문에, 내 능력 때문에'가 아니라 '타고난 조건 덕분에'라고 생각할 필요가 있다. 그걸 인정한다면, 그런 운을 타고나지 못한 이들에게 더 너그러워질 수 있지 않을까?

가짜 뉴스 가려내기
풍문

풍문, 낭설, 유언비어, 시쳇말, 요샛말, 요새,
금세, 그새, 밤새, 어느새

'세 사람이 짜고 거짓말을 하면 없던 호랑이도 만들어낸다'라는 삼인성호三人成虎라는 말이 있다. 사람이 객관적 사실에 기초해 판단하는 게 아니라 타인의 의견에 쉽게 영향을 받는다는 뜻이다. 세상에는 헛소문과 유언비어가 늘 존재했다. 또 거짓말로 사람들을 속이고 사기치는 이들도 있었다. 언론의 경우에도 오보가 있어왔다. 오보는 잘못된 보도, 사실과 다른 보도다.

오보와 가짜 뉴스는 둘 다 잘못된 정보다. 그런데 오보를 가짜 뉴스라고 하진 않는다. 그 둘의 차이가 뭘까? 바로 '의도가 있느냐 없느냐' 하는 점이다. 오보는 언론이 실수나 부주의로 잘못된 정보를 보도한 경우지만, 가짜 뉴스는 고의로 만들어낸 거짓 정보다. 가짜 뉴스를 영어로 'fake news'라고 부른다. '속이는 뉴스'라는 뜻이다. 정치적·경제적 이익을 위해 의도적으로 언론 보도의 형식을 띠고 유포된 거짓 정보가 가짜 뉴스다.

풍문과 시쳇말

풍문風聞은 바람처럼 떠돌며 퍼지는 소문을 뜻한다. 풍설風說, 항설巷說, 도청도설道聽塗說의 의미와 같다. 항巷, 도道, 도塗는 모두 길을 의미한다. 도청도설은 길에서 듣고 길에서 말한다는 의미로, 길거리에 돌아다니며 여러 곳으로 퍼지는 소문을 뜻한다. 풍설보다 더 근거 없는 헛소문을 표현할 때는 낭설·뜬소문·유언비어라는 말이 제격이다. 풍문, 낭설, 헛소문, 뜬소문, 유언비어 등은 루머rumor의 우리말에 해당한다.

시쳇말은 그 시대에 유행하는 말이다. '시쳇말' 하면 '죽은 사람의 몸'인 '시체屍體'를 떠올려 '죽은 말'이 아닐까 오해할 수도 있지만, '시쳇말'은 '시체屍體'와는 아무 관련이 없다. '시쳇말'은 '시체時體'에서 온 말이다. '시체'는 그 시대의 풍습이나 유행을 뜻한다. 그래서 '시쳇말'이라고 하면 '그 시대의 풍습이나 유행을 따르는 말'이라는 의미가 된다. 요샛말, 유행어도 비슷한 뜻의 단어다.

이맘때를 가리킬 때 요새, 금세 등의 말을 쓴다. 그런데 요새에는 '새'가 들어 있는데, 금세에는 '세'가 들어 있다. 무슨 차이일까? '요새'는 '요사이'의 준말이다. 지금까지의 매우 짧은 동안이란 의미다. 금세는 바로 지금이라는 뜻의 한자어 '금시今時'에 조사 '에'가 붙은 '금시에'의 준말이다.

'사이'가 들어간 말 중에는 그새, 밤새, 어느새 등이 있다. '그새'는 '그사이'가 줄어든 것으로, 조금 멀어진 어느 때부터 다른 어느 때까지의 다소 짧은 동안을 이른다. 밤이 흐르는 동안을 일컫는 '밤새'도 마찬가지다. '밤사이'가 줄어들었다. '어느새' 역시 '어느 사이'가 줄어든 말이다. '어느 틈에 벌써'를 뜻한다.

가짜 뉴스 가려내기

2016년 미국 대선(대통령 선거)에서 가짜 뉴스가 횡행했다. 가짜 뉴스는 대다수 언론이 낙선을 예상한 후보를 대통령으로 만드는 데 어느 정도 영향을 미쳤다. 미국 대선에서 가짜 뉴스가 충격을 준 점은 대선 한복판에 가짜 뉴스가 떨어졌다는 사실이 아니다. 적지 않은 사람들이 가짜 뉴스에 속아넘어갔다는 사실이 진짜 충격이었다. 2016년 미국 대선 기간

중 가짜 뉴스의 페이스북 공유 수는 871만 건이었다. 이는 같은 기간에 주요 언론사 보도의 페이스북 공유 수인 736만 건보다 18퍼센트나 많은 수치다.

"조선인들이 우물에 독약을 탔다." 1923년 1월 일본의 간토 대지진 때 퍼진 의도적인 유언비어다. 지진 피해로 민심이 흉흉해지자 일본 정부는 '재난의 혼란함을 틈타 이득을 취하려는 무리가 있다. 조선인들이 방화와 폭탄 테러, 강도 등을 벌이고 있으니 주의하라'는 지시를 각 경찰서에 내려보냈다. 물론 전혀 근거 없는 지시였다. 이후 수천 명의 조선인이 학살당했다. 대략 3000명에서 6000명으로 추산된다. 요즘으로 치면 가짜 뉴스 때문에 수많은 조선인이 죽임을 당한 것이다.

가짜 뉴스는 스스로 '가짜'라고 말하지 않는다. 오히려 진짜보다 더 진짜처럼 보이려고 한다. 두 눈 멀쩡히 뜨고 당할 수밖에 없는 이유다. 가짜 뉴스를 잡아내기란 쉽지 않다. 더구나 지금처럼 긴 글을 읽는 게 어려워진 시대에는 더더욱 그렇다. 미국 청소년들 사이에 유행하는 말 중에 'TL;DR'라는 표현이 있다. 프롤로그에서 설명한 것처럼 '너무 길어서 읽지 않았다(too long; didn't read)'는 뜻이다. 영상과 이미지에 익숙한 젊은 세대는 길고 복잡한 문장을 꺼리고 짧고 단순한 문장을 좋아한다. 하루에도 엄청난 양의 정보가 쏟아지다 보니 젊은 세대는 스마트폰이나 모니터 속 내용을 훑어보거나 건너뛰거나 대충 읽는 것에 너무도 익숙하다.

가짜 뉴스가 마구 쏟아지는 시대다. '미디어 리터러시media literacy'가 무엇보다 필요하고 중요하다. 미디어 리터러시란 미디어 이용자가 정보를 주체적으로 판단·평가하며 이용하는 능력이다. 가짜 뉴스를 가려내는 힘은 '깊이 읽기'와 '비판적 읽기'에 있다. 뉴스를 대충 훑어보지 말고 차분히 읽으면서 정보에 담긴 근거를 꼼꼼히 따져볼 필요가 있다. 근거가 사실에 부합하는지, 논리적으로 타당한지 등을 살펴야 한다.

학생들만 문제일까?

소설가 고故 박완서 선생이 젊은 작가들은 풀이름, 나무 이름을 너무 모른다고 타박한 적이 있다. 그래서 '이름 모를 꽃'이란 표현을 많이 쓴다면서. 그러자 젊은 후배 작가가 요 즘 세대가 식물 이름을 잘 모르는 건 사실이지만 대신 아메리 카노, 에스프레소, 바닐라라테 등 기성 작가들이 식물 이름을 아는 만큼 커피 이름을 안다고 반박했다.

젊은 세대라고 무조건 어휘력이 떨어지는 것은 아니다. 한자어가 아니라 신조어를 기준으로 삼으면 젊은 세대의 어 휘력은 오히려 풍부하다. 우리말은 고유어, 한자어, 외래어, 신조어 등으로 이루어져 있다. 말은 빨리 변한다. 국립국어원 이 매년 선정하는 신조어가 400~500개에 달한다. 물론 그중 상당수는 금방 사라지고 일부만이 살아남는다. 10년 뒤에도 살아남는 어휘는 10개 중 2.7개다. 젊은 세대는 그런 신조어에 능숙하다.

어휘력, 문해력이 부족하기는 어른들도 마찬가지다. 2020년 문화체육관광부 조사에 따르면 많은 노인이 '앱' '팝업 창' 'QR 코드' 같은 단어를 이해하는 데 어려움을 겪는다고 한다. 코로나19가 한창일 때 마스크 대란이 벌어져서 '마스크 5부제'가 시행됐다. 언론은 며칠 동안 마스크 5부제를 자세히 보도했다. 그러나 마스크 5부제의 내용을 제대로 파악하지 않거나 오해한 사람들이 무작정 약국으로 달려갔다. 약사들은 5부제를 설명하느라 온종일 진땀을 뺐다.

기성세대는 젊은 세대가 어휘력이 부족하다고 나무란다. 젊은 세대는 한자를 중시하는 기성세대를 꼰대라고 비아냥거린다. 서로가 서로에게 배워야 하지 않을까? 젊은 세대가 기성세대에 편입되려면 '어른의 말'을 배워야 한다. 기성세대 역시 젊은 세대와 대화하고 협력하려면 '요즘 말'을 익혀야 한다. 말은 세상을 보는 창이자 사람을 잇는 다리다.

사춘기를 위한 어휘력 수업

초판 1쇄 발행 2022년 12월 27일
초판 3쇄 발행 2024년 10월 23일

지은이 | 오승현

발행인 | 박재호
주간 | 김선경
편집팀 | 강혜진, 허지희
마케팅팀 | 김용범
총무팀 | 김명숙

디자인 | 디자인 잔
일러스트 | 봉현
교정교열 | 고아라
종이 | 세종페이퍼
인쇄·제본 | 한영문화사

발행처 | 생각학교
출판신고 | 제25100-2011-000321호
주소 | 서울시 마포구 양화로 156(동교동) LG팰리스 814호
전화 | 02-334-7932 **팩스** | 02-334-7933
전자우편 | 3347932@gmail.com

ⓒ 오승현 2022

ISBN 979-11-91360-58-5 (43700)